«GUIDE - BEN

GIGLIOLA BRAGA

LA ZONA ITALIANA

Introduzione di Barry Sears

SPERLING & KUPFER EDITORI
MILANO

LA ZONA ITALIANA

ISBN 88-200-3301-1
61-I-03

X EDIZIONE

«La versione della Zona per il vostro Paese, quella in cui la scelta dei cibi è più vicina alle abitudini alimentari italiane, è quella che è chiamata EnerZona. Al tempo stesso EnerZona è il marchio che permette di identificare immediatamente i prodotti che sono stati approvati da me perché danno tutte le garanzie di poter essere utilizzati efficacemente nella Zona.»

BARRY SEARS

Indice

Introduzione

La Zona non è un luogo né misterioso né simbolico: è invece una condizione fisiologica reale che chiunque può raggiungere attraverso la dieta e che può essere certificata per mezzo di un esame del sangue. La Zona è quello stato fisiologico che consente il controllo degli ormoni attraverso l'alimentazione e dà all'individuo la possibilità di raggiungere gli obiettivi per lui importanti: dimagrire, curare una malattia cronica, migliorare la forma fisica e mentale, controllare meglio gli stati emotivi. In parole semplici, trovarsi nella Zona vuol dire godere di un aspetto migliore, sentirsi meglio ed essere più efficienti a livello sia fisico sia mentale.

La Zona vale per tutti, poiché lo stato del corpo e della mente è controllato, in ultima analisi, dal sistema ormonale. Non lasciatevi spaventare dai termini: controllare gli ormoni entrando nella Zona e rimanendovi per tutta la vita è molto più semplice di quanto possiate immaginare. Giorno dopo giorno, dovete semplicemente mangiare il cibo che vi piace, ma nelle quantità e proporzioni atte a stimolare le risposte ormonali appropriate tra un pasto e l'altro.

Noi americani abbiamo trascurato e sottovalutato la forza e il potere di queste risposte ormonali, diventando, quasi senza rendercene conto, e in poco tempo, la popolazione con la massima percentuale di obesi sulla faccia della Terra. Ma ancora più preoccupante è il fatto che nell'ultimo quarto di secolo la salute complessiva della popolazione statunitense è nettamente peggiorata, proprio a causa di una diffusione quasi epidemica di obesità, diabete di tipo 2 e depressione, tutti malanni provocati in larga misura dall'aumento degli squilibri ormonali indotti da un consumo eccessivo di carboidrati. Gli stessi fattori socioeconomici (sostanzialmente, la mancanza di tempo per preparare e gustare pasti adeguati combinata con una più ampia disponibilità di cibi pronti) che hanno fatto scivolare l'America lungo la china di un deterioramento progressivo dello stato di salute della popolazione incominciano oggi a manifestarsi anche in Italia. Mi auguro che questo libro possa almeno consentire agli italiani di evitare molti dei misfatti alimentari di cui gli americani sono rimasti vittime.

Quando visitai per la prima volta l'Italia, un po' più di un anno fa, qualcuno mi domandò se il programma dietetico della Zona avrebbe decretato la fine della mitica dieta mediterranea, dato che io raccomando un consumo molto limitato di cereali, pane, riso e pasta. Al contrario, risposi allora: la dieta della Zona è in realtà l'evoluzione di quella mediterranea. Sono sicuro che vi sorprenderete, constatando che in effetti essa è molto simile alla più raffinata cucina italiana. È un programma di alimentazione che poggia sull'equilibrio e sulla moderazione, ricco di frutta e verdura combinate con un opportuno utilizzo di olio d'oliva. Più italiano di così! Tranquillizzatevi: non dovrete affatto dire di no a pasta e pane, vi basterà consumarli con moderazione, utilizzandoli come fossero un condimento. Forse a tutta prima vi sembrerà quasi un'eresia, ma quando avrete compreso il potere del cibo sui vostri equilibri ormonali, comincerete a condividere ciò che affermo.

Quando, circa sette anni fa, cominciai a descrivere i meccanismi della Zona e le tecniche per entrarvi, lo feci soprattutto per avvertire la classe medica del potere degli alimenti di alterare le risposte ormonali dell'organismo, che sono le cause nascoste di obesità, diabete di tipo 2 e patologie cardiache. Questo libro, invece, non è stato scritto per i medici, ma per un pubblico più vasto: illustra con semplicità come è possibile riequilibrare i pasti al fine di garantire a voi e alla vostra famiglia una migliore qualità di vita. Ai lettori chiedo solo di sperimentare la dieta della Zona descritta in queste pagine per 7 giorni: vi garantisco che entro questo periodo di prova avrete una mente più lucida, vi sentirete meglio, sarete più efficienti e il vostro aspetto ne avrà già ricavato giovamento. Se, come sono persuaso, sarete soddisfatti dei risultati ottenuti in una sola settimana, farete vostre le istruzioni di questa guida alimentare per tutto il resto della vita.

La versione della Zona per il vostro Paese, quella in cui la scelta dei cibi è più vicina alle abitudini alimentari italiane, in ogni caso, è quella che è chiamata EnerZona.

Al tempo stesso EnerZona è il marchio che permette di identificare immediatamente i prodotti che sono stati approvati da me perché danno tutte le garanzie di poter essere utilizzati efficacemente nella Zona.

BARRY SEARS
Ideatore del metodo della Zona
Marblehead, Massachusetts, USA

Ringraziamenti

SI ringraziano la dottoressa Luisa Marletta (Istituto Nazionale di Ricerca per gli Alimenti e la Nutrizione) per le informazioni e i dati inerenti alla composizione degli alimenti; il dottor Aronne Romano, pioniere della Zona; Bruno Gallo, istruttore di attività motorie, per gli esercizi fisici da p. 43 a p. 49, l'équipe Enervit e il professor Fabrizio Duranti per la collaborazione ai menu.

Vorrei anche segnalare il mio sito: www.zonaitalia.it che è ancora nascente, ma sarà cresciuto per la data di pubblicazione del libro.

Avvertenza

Questo libro non intende sostituirsi a un parere medico o al vostro specialista. Chi è ammalato, o sospetta di esserlo, dovrebbe farsi visitare. Chi sta assumendo farmaci regolarmente prescritti non modifichi mai la sua dieta (buona o cattiva che sia) senza prima consultare il medico, poiché qualsiasi variazione dietetica può modificare il metabolismo dei farmaci che assume.

La medicina moderna, per quanto potente, è un ben misero sostituto della prevenzione, che rimane il miglior rimedio, ma può realizzarsi solo a livello individuale e con una corretta nutrizione, pilastro di uno stile di vita salutare. Mangiare si deve, perciò tanto vale farlo bene, con intelligenza.

Questo libro riguarda solo l'alimentazione; l'autrice e l'editore in ogni modo declinano espressamente ogni responsabilità per eventuali effetti nocivi derivanti dall'utilizzo di integratori nutrizionali alla vostra dieta senza un'appropriata supervisione medica.

1

Che cos'è la Zona

La Zona è un metodo alimentare che lo scienziato americano Barry Sears ha sviluppato per raggiungere, attraverso l'uso bilanciato del cibo, uno stato ottimale di salute in cui l'organismo lavora al massimo dell'efficienza.

La chiave per accedere a questo stato metabolico è racchiusa negli eicosanoidi, i potentissimi ormoni oggetto di studio di Bergstrom, Samuelsson e Vane, che grazie alle loro ricerche hanno conseguito nel 1982 il premio Nobel per la fisiologia e la medicina.

Barry Sears ha cercato di individuare il codice nutrizionale che dirige la formazione degli eicosanoidi, e soprattutto ha scoperto come « indirizzarla » per ottenerne beneficio.

Partendo dall'ipotesi che la salute e la malattia possono essere l'espressione del corretto equilibrio o dello squilibrio di questi ormoni, il dottor Sears ha cercato il modo di ottenere il loro bilanciamento per raggiungere la migliore espressione metabolica del nostro corpo, cioè la Zona.

Ma che cos'è la « Zona »?

Questo termine è ben conosciuto dagli sportivi di lingua inglese, che lo identificano con quel particolare e quasi magico stato di grazia in cui danno le loro migliori prestazioni.

Ma si parla anche di una « zona terapeutica dei farmaci »,

intendendo con ciò la concentrazione giusta perché questi abbiano effetto ma non siano tossici.

Lo scopo della Zona è raggiungere la massima e duratura performance fisica e mentale attraverso dosi matematicamente definibili.

Per Sears gli alimenti vanno considerati alla stessa stregua di un medicinale e, come tale, vanno trattati con grande rispetto. Sono il mezzo più potente che abbiamo per collocare il nostro corpo in una Zona controllata ormonalmente per 24 ore al giorno. Quindi è importante abituarci a guardare il cibo con una prospettiva diversa: *quello* che mangiamo e il *modo* in cui lo mangiamo hanno un effetto chiave sulle connessioni biochimiche che regolano il funzionamento del nostro organismo.

Con questo metodo alimentare o, meglio, con questo stile di vita, non si considera il corpo solo un motore che per funzionare necessita di energia, espressa in calorie, ma si allarga la prospettiva. Il corpo è una complessa macchina metabolica: i componenti alimentari che introduciamo con la dieta servono tanto a fornire il carburante, quanto a stimolare una risposta ormonale che incide in modo determinante sulla nostra salute.

Il primo importante ormone che la Zona si propone di controllare è l'insulina, secreta dal pancreas. Quando mangiamo, specialmente carboidrati, si verifica un innalzamento della glicemia nel sangue a cui il corpo risponde con la secrezione di insulina che provvede a riportare i livelli ematici di glucosio nella norma.

Ma un pasto troppo ricco di carboidrati, specialmente di carboidrati raffinati, provoca un eccessivo innalzamento del glucosio nel sangue, scatenando così una risposta insulinica che provvede all'immagazzinamento del glucosio in eccesso nelle cellule adipose sotto forma di grasso di riserva.

Nella Zona si cerca di controllare per l'appunto la secrezione insulinica agendo sulla dieta: un appropriato bilanciamento tra carboidrati, proteine e grassi induce l'organismo a produrre livelli ottimali di questo ormone che è sì indispensabile alla nostra salute, ma i cui eccessi incidono sull'aumento di peso, sulla diminuzione dell'energia, sull'umore, sulla resistenza, sulla lucidità mentale e sull'insorgenza di alcune patologie. I livelli d'insulina non devono essere troppo alti, ma neppure troppo bassi: controllare l'insulina vuol dire conquistare un benessere e una salute duraturi.

Un altro ormone importante per la Zona, sempre prodotto dal pancreas, è il glucagone, che svolge invece un ruolo opposto a quello dell'insulina sulle riserve di energia immagazzinate, cioè le mobilizza. Il glucagone è stimolato dall'ingestione delle proteine. E anche un eccesso proteico produce effetti negativi, come per esempio la chetosi.

La corretta modulazione dell'asse insulina-glucagone, attraverso un'introduzione alimentare di carboidrati e proteine bilanciata nelle quantità e nei tempi, garantisce l'adeguata presenza di glucosio nel sangue. Poiché nella dieta attualmente seguita in America, ma anche in Italia, si tende a mangiare quantitativi eccessivi di carboidrati e quantitativi inadeguati di proteine, l'equilibrio corretto tra insulina e glucagone non viene mantenuto.

La Zona si propone di raggiungere l'obiettivo di controllare il bilanciamento dei due ormoni, che non devono subire brusche variazioni ma mantenere il più possibile livelli costanti e adeguati nel sangue.

Oltre a questo obiettivo, la Zona si prefigge di regolare la secrezione degli eicosanoidi, che sono un grande gruppo di ormoni comprendente le prostaglandine, i leucotreni e i tromboxani, prodotti in ogni cellula dell'organismo in piccolissime quantità. Tali ormoni svolgono la loro funzione fisiologica in un'area limitatissima e poi si inattivano, sono molto potenti e i loro effetti sono molteplici. Sono, per esempio, responsabili di allergie, asma, artriti, ipertensione, risposta immunitaria, aggregazione piastrinica e un'infinità di altri effetti.

Su questi ormoni la Zona si propone di raggiungere il giusto equilibrio tra la produzione di eicosanoidi «cattivi» ed eicosanoidi «buoni». Entrambi servono per lo svolgimento delle funzioni fisiologiche dell'organismo ed è la loro dinamica a mantenere l'equilibrio biologico. Per esempio, è l'azione sinergica di eicosanoidi buoni e cattivi che regola la pressione sanguigna, come invece è il loro squilibrio che porta a stati patologici come cardiopatie e malattie autoimmuni, quali l'artrite e la sclerosi multipla. L'equilibrio è quindi sinonimo di salute, ma se vogliamo raggiungere la salute ottimale, cioè lo stato metabolico in cui corpo e mente funzionano al massimo dell'efficienza, dobbiamo modulare l'equilibrio favorevole tra i due tipi di eicosanoidi, ovvero dobbiamo entrare nella Zona e restarci!

Con la corretta assunzione di cibo introduciamo i mattoni costituenti gli eicosanoidi – gli acidi grassi essenziali (EFA) – e controlliamo l'asse insulina-glucagone, che determina se l'organismo produrrà eicosanoidi buoni o cattivi.

La Zona Italia

Applicare correttamente il metodo del dottor Sears è essenziale per beneficiare della Zona. Questo regime, però, è stato studiato da un ricercatore americano che, inevitabilmente, l'ha applicato a prodotti, alimenti e abitudini tipici della realtà americana, un po' diversa dalla nostra.

Le tabelle nutrizionali del Dipartimento dell'Agricoltura americano (USDA), che pubblica l'elenco degli alimenti con il loro contenuto nutrizionale, sono in parte diverse da quelle stilate dall'Istituto della Nutrizione italiano, che si basa sull'analisi dei cibi nazionali.

Le naturali differenze che esistono tra queste tabelle investono, oltre che i micronutrienti, anche i macronutrienti, che nella Zona vengono quantificati per stabilire la quota di cibo da assumere giornalmente.

A volte le diversità sono talmente importanti da ostacolare l'accesso alla Zona. Due esempi: le fragole nelle tabelle americane hanno un contenuto di 17,36 g di carboidrati per 100 g di parte edibile, mentre nelle nostre, a pari quantità, ne hanno 5,3 g. Per quanto riguarda le zucchine: in 100 g di parte edibile ci sono 2,9 g di carboidrati nelle tabelle americane, 1,4 g in quelle italiane.

Inoltre non tutti i prodotti normalmente usati in Italia si trovano nelle tabelle redatte dal dottor Sears.

Ma questo non deve farci pensare che non si possano mangiare perché, il più delle volte, è sufficiente calcolarne il quantitativo e stabilirne le modalità d'uso per non doversi privare degli alimenti che magari si prediligono.

Un altro problema che può ostacolare la corretta applicazione della Zona in Italia è la necessità di convertire la scala volumetrica di misura usata negli Stati Uniti, le *cups*, in quella ponderale, i grammi, usata in Europa. Per quantificare il cibo necessario giornalmente, non sempre è sufficiente utilizzare semplici operazioni matematiche di conversione, ma è indispensabile operare un'analisi più approfondita.

È per questo che si è deciso di privilegiare gli alimenti presenti sul nostro territorio e, in base al loro contenuto in carboidrati, proteine e grassi, definirne l'uso in conformità alle regole della Zona.

Anche il contenuto in Omega 3 – gli acidi grassi che per il dottor Sears rivestono grande importanza – presenta alcune differenze tra i pesci consumati dagli americani e quelli in commercio in Italia. È importante quindi identificare le fonti più ricche e disponibili sui nostri mercati e collocarle in una posizione preminente rispetto alle altre.

Nella Zona si invita a conoscere i grassi per non operarne una indiscriminata e nociva abolizione.

A questo scopo si sono considerate le fonti reperibili in Italia e si sono individuate tra loro quelle raccomandate perché più salutari, quelle meno consigliate e quelle da evitare.

In particolar modo si è posta l'attenzione sui grassi saturi e su quelli che in America chiamano grassi «trans», che il dottor Sears sconsiglia perché costituiscono un pericolo per la salute.

In Italia non è facile individuare prodotti che riportano tra gli ingredienti la presenza di questi grassi, perché in alcuni casi la nostra legislazione è diversa da quella statunitense e quindi non esistono gli stessi obblighi né le stesse formulazioni. Perciò, se si vogliono evitare questi grassi, è necessario «tradurre» gli occulti grassi saturi e i grassi trans, identificandoli tra gli ingredienti dei prodotti italiani al fine di orientare il consumatore, sensibilizzato e informato, all'utilizzo di prodotti salutari e conformi al metodo della Zona.

Si è cercato di analizzare con particolare attenzione la composizione di alcuni cibi tanto amati dagli italiani come la pasta, il riso, il pane, i farinacei, la pizza. Nella Zona rivestono un'importanza nutrizionale scarsa, nel senso che si consiglia di farne un uso moderato, incoraggiando l'utilizzo di altre fonti di carboidrati che danno meno dipendenza e più salute.

Ma come può un italiano rinunciare completamente alla pasta e alla pizza? Cercheremo di guidare il neofita nelle sue scelte alimentari, fornendogli le informazioni necessarie affinché possa manifestare delle preferenze consapevoli e opportune che gli consentano di vivere la Zona in modo disinvolto e non privativo, inserendo talvolta anche i piatti più amati. Questo metodo alimentare si propone infatti di educare all'alimentazione sana, non di imporre una drastica «dieta» che si abbandona con senso liberatorio appena si può...

Per coloro che intendono applicare scrupolosamente la Zona e per spaziare nelle possibilità di scelta offerte dagli svariati prodotti presenti sul mercato, può risultare interessante la guida alla lettura delle etichette nutrizionali e alla loro interpretazione, oltre che per la qualità dei cibi, anche per l'inquadramento quantitativo nella Zona. Il metodo consente, attraverso alcuni esempi, di utilizzare i cibi confezionati come quelli surgelati o in scatola.

In America, se si eccettuano i ristoranti etnici, c'è una notevole uniformità di piatti che si possono trovare uguali nei locali più diversi e nei fast food: mangiare e restare nella Zona è dunque più facile.

Ma la realtà italiana è assai più variegata e multiforme, poiché contempla il bar, la tavola calda, la paninoteca, il ristorante eccetera. Che fare per restare nella Zona? E in pizzeria, in spiaggia, all'autogrill, sui campi da sci si può restare nella Zona? Certamente sì, e questo libro vi aiuterà a scoprire quanto sia facile.

Verranno proposti anche facili menù per accompagnare il principiante nella Zona. Tra questi ci sono alcune proposte che utilizzano l'avena, l'orzo e la soia che non rientrano nelle nostre abitudini alimentari, ma che nella Zona rivestono un'importanza particolare.

La Zona ha finora interessato in prevalenza gli adulti, chi ha problemi di salute o è in sovrappeso, gli sportivi o chi vuole rallentare gli effetti dell'invecchiamento. Ma l'importanza di questo metodo alimentare va estesa anche a chi non ha problemi o non dovrebbe averne: per esempio i bambini, che con la Zona possono innanzitutto acquisire una corretta educazione alimentare e prevenire l'insorgenza di problemi di salute. Inoltre la Zona, interessando alcune manifestazioni metaboliche, può contribuire a spiegare e quindi a dare la chiave di lettura di alcuni importanti e problematici aspetti comportamentali di bambini e ragazzi che spesso famiglie e insegnanti si ritrovano a dover affrontare e che possono essere risolti, a volte, semplicemente con una corretta alimentazione. Un capitolo a parte ci aiuterà ad applicare con intelligenza la Zona anche ai nostri piccoli.

La Zona descritta è quella consigliata dal dottor Sears e collaudata con successo in Italia da ormai tre anni. Prevede l'adozione di un programma alimentare completo che garantisce il raggiungimento di importanti traguardi metabolici che conducono per l'appunto nella Zona.

Come si vedrà, basta soltanto una decina di giorni per vedere quali effetti la Zona provoca sulla mente e sul fisico di chi la segue. Ma se qualcuno avesse ulteriori perplessità, è bene che sappia che alcuni studiosi italiani hanno valutato la possibilità di un approccio più graduale nell'applicazione della Zona. Naturalmente, non dando il massimo, non si conseguiranno i risultati che un'applicazione in blocco della Zona garantisce.

Per chi, quindi, preferisce un approccio soft, e al fine di dare un'informazione il più possibile completa e ampia, si riporta nell'Appendice C una proposta che guida a un graduale percorso verso la Zona.

Zona o dieta mediterranea

È bene sgomberare il campo da false polemiche: la Zona non esclude la dieta mediterranea, ma ne propone un miglioramento secondo le più moderne concezioni scientifiche. I due metodi non solo non si contraddicono, ma in molti punti si integrano.

In senso generale, la grande differenza che esiste è costituita dall'uso di alcuni carboidrati, che viene incentivato dalla dieta mediterranea, mentre nella Zona si fanno distinzioni di costituzione e provenienza.

Attraverso il cibo possiamo operare un controllo sulla secrezione insulinica, e questo è importante non solo per le persone malate, ma anche per la popolazione sana che tende, purtroppo, a ingrassare e presenta una serie di patologie cosiddette « da benessere ».

La Zona risponde a questa necessità, senza costringere a cambiare troppo le abitudini: consiglia esattamente tutti gli alimenti che la tradizione ci ha abituati ad apprezzare, come l'olio d'oliva e il pesce, la verdura e la frutta, insegnandoci però a trattare con estrema cautela e attenzione i cibi contenenti sostanze che fanno ingrassare e che, come dice il dottor Sears, possono ostacolare la nostra salute, tra cui, per la maggior parte, i carboidrati usati in modo inconsapevole.

Ciò non significa che vadano aboliti, né tantomeno demonizzati, ma solo usati in modo più selettivo, a seconda delle risposte glicemiche, ovvero limitando quelli che stimolano eccessivamente la secrezione insulinica.

Nella Zona, come nella dieta mediterranea, si incoraggia il consumo di pesce – per esempio il pesce azzurro, che ha, oltre a un gusto squisito, una composizione in grassi particolarmente favorevole – e si caldeggia l'uso di carni alternative a quella rossa bovina, quali quelle di pollo e tacchino.

Buone fonti proteiche sono considerati anche i formaggi a moderato contenuto di grassi, essendo i grassi di tipo saturo e quindi poco consigliati da entrambe le diete, e le uova: nella Zona si possono consumare gli albumi a volontà, ma si deve limitare il consumo dei tuorli a due a settimana.

Sempre per la limitazione dei grassi saturi le due diete consigliano il latte parzialmente scremato.

L'olio d'oliva è ritenuto un alimento molto prezioso in entrambi i programmi alimentari, sia crudo sia cotto, per le sue caratteristiche gastronomiche e per i benefici effetti sulla salute.

Verdure fresche e frutta vengono largamente consigliate per il loro apporto in fibre, sali minerali e vitamine nella dieta mediterranea; per lo stesso motivo e come fonte glucidica sono considerati ottimi alimenti nella Zona.

Anche sul vino c'è concordia tra i due metodi alimentari: in quantitativi moderati, è considerato la più consigliabile tra le bevande alcoliche per i suoi valori intrinseci, la sua azione favorevole sull'apparato cardiovascolare e le sue proprietà digestive, specialmente quello rosso.

L'eccesso di cibo viene mal considerato da entrambe le diete, che imputano a questa cattiva abitudine la causa di parecchi dei piccoli e grandi malesseri che affliggono la nostra popolazione. È diverso solo il modo di considerare questo eccesso, che per la Zona non è solo calorico.

Per fortuna in Italia si registra un piccolo miglioramento sui consumi nell'ultimo decennio, come è emerso dalla recente Conferenza nazionale per l'educazione alimentare tenutasi a Roma: si fa minor uso di grassi da condimento, di formaggi grassi, di carni, di latte intero, di vino, mentre il pesce, gli ortaggi e il latte scremato hanno segnato un maggior gradimento nella dieta personale. A fronte di un minor introito giornaliero di calorie, però, non si è osservato un parallelo calo dei casi di sovrappeso (30% degli italiani) né di obesità (9%), che invece sembra in aumento non solo tra gli adulti, ma anche tra i bambini (20%).

Questo conferma che non basta la riduzione calorica per migliorare il peso e la salute, ma che, come suggerisce la Zona, si deve considerare la provenienza delle calorie, cioè da quali cibi vengono fornite.

L'unica differenza, quindi, tra Zona e dieta mediterranea è costituita dalla fonte privilegiata dei carboidrati: nella Zona sono la frutta e la verdura, nella dieta mediterranea sono i cereali con tutti i loro derivati, cioè pasta, pane eccetera. Si è detto comunque fonte privilegiata, e non esclusiva, per cui anche nella Zona si possono consumare i cereali più comuni, ma in modo moderato, e comunque conforme alle regole proporzionali previste.

Solo in questo modo, secondo il dottor Sears, è possibile controllare la secrezione dell'insulina, che è l'ormone dell'immagazzinamento: se si assumono carboidrati in eccesso, che ne provocano una risposta violenta, si hanno tutti quegli effetti negativi conseguenti che non si limitano al sovrappeso o all'obesità – già di per sé segnali compromettenti per la salute – ma arrivano a influenzare negativamente anche la secrezione degli eicosanoidi.

La Zona propone quindi un programma alimentare molto simile alla dieta mediterranea, di cui conserva, non per simpatia ma per scelta scientificamente provata, quasi tutti i princìpi.

Come si è visto dalle statistiche più recenti, sembra anzi che negli ultimi anni i due metodi si siano ulteriormente avvicinati, con l'abitudine al maggior consumo proprio di quegli alimenti che la Zona predilige.

Molti possono ritenere difficile introdurre e fare accettare il metodo alimentare pro Zona perché pensano che gli italiani non rinunceranno mai alla pasta. Ma qui sta l'errore: non è necessario che vi rinuncino, devono solo imparare a moderarne l'uso e a inserirlo in un programma alimentare.

Potranno così notare, magari con stupore, che dopo pochi giorni non ne sentiranno più un bisogno tanto prepotente e imperioso. Basterà consumarne un po' ogni tanto per assaporarne il gusto delizioso a cui la cucina nazionale ci ha abituati e a cui non è necessario rinunciare.

A chi serve la Zona

La Zona è nata per aiutare persone con gravi problemi di salute, ma si è rivelata preziosa anche per prevenire molte patologie e per promuovere la salute di chi, come noi, è vittima del proprio tempo.

Le industrie alimentari oggi offrono prodotti sempre più accattivanti e sono pronte a soddisfare qualsiasi esigenza imposta dai ritmi accelerati della vita moderna. Riescono addirittura a creare nuovi bisogni che prima non ci saremmo mai sognati di avere, come per esempio le patatine fritte... in un sacchetto!

I mercati sono zeppi di prodotti inutili, che arrivano sulle nostre tavole senza che il consumatore abbia operato una selezione razionale né tantomeno si sia informato sulle proprie necessità nutrizionali.

In più la comoda, copiosa e multiforme offerta incoraggia gli eccessi quantitativi che contraddistinguono la società moderna, la quale deve fare i conti con nuovi disturbi – le cosiddette malattie del benessere – che affliggono un numero sempre crescente di persone di ogni età, oberano i bilanci famigliari e nazionali e finiscono con il peggiorare una qualità di vita che invece sarebbe migliore per altri versi.

La Zona ribadisce princìpi ormai fuori moda, come l'uso di alcuni cibi naturali, poco trattati industrialmente o caduti in disuso, e soprattutto recupera saggezze di antica memoria, tra cui il valore del cibo e della salute e il rispetto che dobbiamo a entrambi.

Ovviamente i suoi benefici sono limitati alle possibilità individuali, perché non può barare sulle potenzialità di un organismo né regalare probabilità inconciliabili con la storia e la genetica personali: la Zona si prefigge di lasciar giocare a ciascuno le proprie carte, senza ostacolarne il cammino con il cibo.

È per questo che può interessare anche le persone che non hanno particolari problemi perché, senza controindicazioni, avvia a sane abitudini alimentari e induce a uno stile di vita migliore.

Se si vuole stendere una lista di persone che possono avere particolare benessere dalla Zona, possiamo citare, schematicamente:

- chi vuole dimagrire
- chi ha o rischia patologie cardiache
- chi ha o rischia l'insulino-resistenza e il diabete di tipo 2
- chi ha o rischia la sindrome X (iperinsulinemia, ipertensione, obesità, dislipidemia)
- chi è diabetico di tipo 1
- chi ha o rischia malattie autoimmuni
- chi soffre di artrite
- chi vuole rallentare gli effetti dell'età
- le donne con sindrome premestruale
- le donne a rischio di cancro al seno, di osteoporosi e di disturbi della menopausa
- le donne affette da sindrome policistica ovarica (PCOS)
- le donne in gravidanza
- gli atleti
- i bambini
- i depressi
- gli alcolizzati.

Ma è penalizzante ridurre i beneficiari della Zona a un elenco.

Tutti possono applicarla, da chi ha bisogno di sentirsi al massimo delle sue possibilità, come gli atleti, a chi pretende molto meno ma vuole avere l'opportunità di esprimersi al meglio e non permette al cibo di diventare un ostacolo, anziché un alleato.

In Italia sempre più sportivi di varie discipline, dall'atletica al calcio, dal ciclismo all'alpinismo, considerano la Zona il loro « doping naturale » dopo averne sperimentato i benefici effetti.

E se agli sportivi così esigenti la Zona garantisce le migliori performance fisiche e mentali non c'è dubbio che essa sia efficace anche nei casi meno impegnativi.

Le potenzialità della Zona si manifestano non solo attraverso il controllo diretto ed efficace dell'insulina, come nei diabetici di tipo 1; si registrano, infatti, anche notevoli miglioramenti causati dalla modulazione ormonale sugli eicosanoidi, come per esempio nelle persone dedite all'alcol che, avendo un valore ematico di GLA – l'acido grasso attivato tanto importante per la produzione di eicosanoidi – inferiore del 50% ai valori normali, trovano beneficio con un aumento di produzione degli eicosanoidi «buoni».

Le donne in gravidanza, oltre a trovare nella Zona un valido aiuto per controllare il loro peso, possono evitare l'instaurarsi di quella grave complicazione che è il diabete gravidico. Poiché è causato da un eccesso di insulina, proprio come il diabete di tipo 2, l'alimentazione nella Zona permette di tenere sotto controllo i livelli di questo ormone e quindi il glucosio nel sangue. Inoltre, attraverso un selezionato e misurato apporto di grassi, fornisce il corretto supporto alimentare per lo sviluppo cerebrale del feto.

I depressi, poi, registrano un giovamento nella Zona per l'effetto antidepressivo svolto dagli eicosanoidi buoni. Ma anche i depressi subclinici, cioè i soggetti che presentano irritabilità, senso d'inutilità, scarso interesse o piacere per la propria attività, sonno più lungo, incapacità a concentrarsi, poca lucidità mentale trovano un buon supporto nella Zona.

Pare che la depressione possa essere correlata all'aumento di PGE_2, un tipo di eicosanoidi «cattivi», ma più in generale a una sovrapproduzione di eicosanoidi «cattivi» che sembrano associati alle sindromi depressive. Diminuendo gli eicosanoidi «cattivi» e aumentando quelli «buoni», si crea un ambiente ormonale favorevole nel sistema nervoso centrale. A questo obiettivo si arriva con la diminuzione dei livelli di insulina attraverso l'alimentazione pro Zona e con l'aumento del consumo di EPA, un tipo di acido grasso essenziale che appartiene alla famiglia degli Omega 3. In questo modo si ottengono buoni risultati che possono influire positivamente sull'eventuale terapia e che consentono al medico curante di registrare significativi progressi.

Sembra impossibile che il cibo, da solo, possa provocare problemi involontari e reiterati alla salute. D'altro canto, ricordiamolo, lo stesso cibo, usato in modo sapiente, può essere l'alleato più valido, potente ed efficace per ritrovare il benessere e la salute consentendo anche di limitare l'uso di alcuni farmaci.

Lo hanno potuto constatare molti medici italiani, i cui pazienti hanno ricavato evidenti benefici dal metodo Zona, indicato e applicato da persone qualificate. Alcuni di loro, dapprima scettici, si sono infatti dovuti ricredere, dimostrandosi aperti alla loro crescita professionale.

2

Che cosa aspettarsi dalla Zona

Magri per sempre

Se il miraggio di una supersalute non è sufficiente a convincere lo scettico ad avvicinare la Zona, un argomento più persuasivo è quello che nella Zona si dimagrisce piacevolmente e in modo definitivo.

Certo, ridurre a semplice dieta dimagrante il ventennio di studio del dottor Sears significa svilire e sminuire le potenti possibilità di questo regime alimentare, che è nato ed è stato studiato principalmente per i cardiopatici e i diabetici, ma molte persone vogliono entrare nella Zona proprio per riprendere quelle misure che hanno sempre sognato di recuperare, e che si erano quasi rassegnate a perdere per sempre.

Cominciamo allora proprio da qui, da questo piacevole « effetto collaterale » della Zona.

Il dottor Sears parte dal presupposto che è l'eccesso di produzione di insulina a far ingrassare e a mantenere grassi, come spiegato diffusamente nel libro *Come raggiungere la Zona*.

Solo il 25% della popolazione ha, per corredo genetico, una « pigrizia » insulinica che le consente di consumare molti carboidrati, senza che questo si ripercuota sulla massa grassa. Queste persone possono allora mangiare dolci e pastasciutte a volontà, senza dover cambiare taglia.

Purtroppo, il rimanente 75% della popolazione non è così fortunato: per tutti questi individui troppi carboidrati equivalgono a eccesso d'insulina e quindi ad accumulo di grasso.

Applicando la Zona, si notano i primi risultati già dopo un paio di giorni. In genere si verifica subito un aumento di urine, sia come quantità sia come frequenza, perché il corpo si libera naturalmente dell'eccesso di sodio e acqua. Se si hanno gonfiori o edemi, possono scomparire. In pochi giorni, variabili da caso a caso, si ha una diminuzione del desiderio bramoso e del condizionamento ai più comuni e largamente diffusi carboidrati come pasta e dolci, e si nota un aumento della concentrazione mentale. In breve tempo diminuiscono la sensazione di fame e lo stato di affaticamento dopo il pasto, mentre aumenta il senso di benessere, che si incrementa ancor più nei giorni successivi.

Il calo di peso nella fase iniziale è molto soggettivo e, indicativamente, può essere di 2-2,5 kg nelle prime 2 settimane, imputabile anche al riequilibrio idrico.

Successivamente la variazione di peso che si registra riguarda la perdita di massa grassa, 450-650 g a settimana, secondo variazioni individuali: non è possibile perdere di più, attingendo dal tessuto adiposo, senza degradare altri tessuti.

A qualcuno potrà sembrare troppo esigua la perdita di peso settimanale, ma non è così.

Un calo superiore implicherebbe infatti la perdita di massa magra, con l'innesco di condizioni che mal si conciliano con la salute.

La diminuzione di massa grassa che si ha con la Zona continuerà costantemente e progressivamente nelle settimane successive fino al raggiungimento dell'obiettivo che si manterrà nel tempo, con opportuni aggiustamenti.

Il processo di perdita di peso può, tuttavia, presentare pause e rallentamenti che non devono allarmare.

Nelle donne ciò può accadere nella settimana del ciclo, a causa di una naturale ritenzione di liquidi, però successivamente si recupererà il tempo «perso».

Inoltre bisogna considerare che l'organismo può prendere una pausa di varia lunghezza, mentre si avvia al peso forma. Niente di che preoccuparsi: ben presto la perdita di massa grassa continuerà nel solito, soddisfacente modo.

Se dovesse invece verificarsi il caso di una sosta troppo lunga, di più settimane, sarà bene rivedere il proprio percorso alimentare per verificare se non si siano commessi errori o non si sia resa necessaria qualche modifica individuale.

A volte può succedere che non si registri un calo di peso ma che i vestiti continuino a diventare sempre più larghi. Ciò indica una continua perdita di massa grassa e un contemporaneo aumento di quella magra. Solitamente si verifica in quelle persone che prima della Zona seguivano diete sottostimate nella quota proteica: alimentandosi secondo le proprie necessità costituzionali si assiste a un deciso aumento della massa magra.

Non è necessario pesarsi di continuo per verificare i progressi: è sufficiente una volta alla settimana. Questa è una raccomandazione importante dal punto di vista psicologico perché se un giorno non si registrasse l'abituale diminuzione di peso, per le cause più svariate e indipendenti dalla Zona, può succedere che ci si scoraggi e disorienti perché non si è dimagriti. Si pensa di aver sbagliato o che il metodo non funzioni, e il rischio è quello di demotivarsi e trasgredire le indicazioni. Niente di tutto ciò. La situazione non è né cambiata, né compromessa, ma semplicemente registra una variazione giornaliera che viene tranquillamente compensata da un altro giorno: il controllo settimanale serve proprio a non evidenziare queste evenienze innocenti e non indicative.

Con la Zona si ottiene la perdita di massa grassa in eccesso per tutti: sia per coloro che devono smaltire decine di chili, sia per persone che necessitano solo di un ritocco al proprio peso, ma che comunque ritengono di non essere nelle loro misure ideali.

Il neofita che non ha mai seguito diete arriverà a questi risultati un poco prima di coloro che hanno già seguito regimi alimentari dimagranti. Ma in tutti, alla fine, si registrerà un calo di peso dovuto alla perdita di tessuto adiposo in modo costante e permanente, se si accetterà di seguire la Zona come stile di vita. Non sarà difficile che ciò accada perché le sensazioni che si provano sono tali da convincere chiunque che essere nella Zona è meglio che uscirvi.

Oltre alla felicità di constatare che i propri abiti diventano larghi e che le taglie diminuiscono, si ritroverà una maggiore energia e si condurrà una vita piacevolmente migliore.

Questi «effetti collaterali» trovano il loro fondamento nel fatto che, stabilizzando i livelli di zucchero nel sangue attraverso il controllo dell'insulina, si sarà mentalmente più lucidi e pronti per il regolare e costante rifornimento al cervello di zuccheri, che sono la sua fonte di energia. Si riposerà meglio e il risveglio mattutino sarà meno pesante. Migliorerà la concentrazione e le energie giornaliere saranno più disponibili e durature. Anche l'umore risentirà del beneficio dell'equilibrio ormonale indotto dai pasti nella Zona: meno stanchezza, meno irritabilità.

Inoltre non si sentirà più l'insistente bramosia di pane, pasta, farinacei vari e dolci e si eviterà il tipico annebbiamento che segue un pasto troppo ricco di carboidrati e che rende difficili tanti pomeriggi lavorativi.

In poche parole, la Zona fornisce la ricetta per migliorare il proprio aspetto fisico sentendosi meglio. Gli stabilizzati livelli ematici di zucchero consentono inoltre di ridurre la quantità di cibo e quindi di calorie, senza avere sensazioni di fame. E questo non ha solo una valenza psicologica, ma rispecchia fedelmente gli effetti del controllo ormonale. Per averne una prova basta... provare! L'importante è non confondere la fame con il desiderio di un cibo o con la golosità frutto di abitudini consolidate ma sbagliate. La Zona ci può aiutare a capire le differenze tra queste due sensazioni e ci aiuta a correggere le nostre abitudini, distinguendole in fisiologiche e comportamentali.

Se si concede fiducia a questo metodo e si seguono le indicazioni, con la precauzione di scegliere soprattutto tra i carboidrati quelli favorevoli, cioè verdura e frutta, basteranno da 7 a 15 giorni perché si verifichino puntualmente tutte le situazioni descritte sopra, con maggiore o minore evidenza a seconda delle variazioni soggettive.

Dopo le prime 2 settimane, se si vuole, si potranno reintrodurre anche i carboidrati sfavorevoli, per esempio pasta e cereali nelle misure indicate, continuando a seguire le altre regole della Zona, cioè la distanza delle assunzioni di cibo, i quantitativi secondo il proprio fabbisogno e la costituzione dei pasti nelle proporzioni 40/30/30, proporzioni che poi verranno spiegate e sulle quali si basa il metodo (vedi pp. 60 e sgg.).

È importante segnalare che i carboidrati sono distinti in favorevoli e sfavorevoli, come si dirà diffusamente più avanti, solo per indicare una preferenza della Zona. Quelli sfavorevoli non sono affatto proibiti: chi ne avesse voglia li può consumare una volta ogni tanto.

La scienza nutrizionale della Zona si basa su due pilastri fondamentali: moderazione ed equilibrio, cioè moderazione quantitativa senza fame e giusto equilibrio di tempi e di componenti alimentari a ogni assunzione di cibo.

Grazie a essa, si acquisiscono le preziose informazioni nutrizionali indispensabili per conoscere il cibo e per gestirlo correttamente, senza sentirsi costretti da una dieta. Chi segue la Zona non è infatti a dieta, ma è una persona informata che tratta il cibo con sapienza e con il dovuto rispetto.

Molto spesso ci si avvicina alla Zona per dimagrire e si scopre un metodo alimentare che può essere adottato da tutta la famiglia. Si innesca così un circolo «virtuoso» e si trasforma una necessità in virtù, utile per il benessere dei famigliari e per una preziosa prevenzione collettiva attraverso il cibo.

La validità del metodo come dieta dimagrante è accertata e sicura. Il raggiungimento dell'obiettivo è tanto più veloce quanto più si rispettano le regole. Se si è precisi e meticolosi si hanno rapidamente soddisfazioni che incoraggeranno a continuare con entusiasmo.

Tuttavia esistono anche casi fortunati in cui, per variabilità individuale e per abitudini alimentari già vicine alla Zona, si può dimagrire con più facilità, applicando il metodo con meno rigore.

A queste persone basta controllare l'uso dei carboidrati ed effettuare poche altre modifiche, in genere sulla distanza dei pasti, per raggiungere risultati. In questo sta anche la flessibilità del metodo, che consente buone approssimazioni.

Il dottor Sears ha messo a punto metodi applicativi diversi per la quantificazione del cibo.

Quello «a blocchi» è il più preciso e rigoroso ed è indicato per chi ha deciso di partire per questo programma alimentare con determinazione: la diligenza verrà ampiamente ripagata con risultati puntuali e sicuri. Ai principianti si consiglia di utilizzare sempre questo criterio.

Successivamente, dopo che si è acquistata la necessaria esperienza, si può passare al metodo «a occhio», più approssimativo.

In tutti i casi è necessario un apporto di acqua che non deve mai essere inferiore ai 2 litri giornalieri.

A qualcuno potrà capitare di partire ben determinato, ma poi di perdersi strada facendo. Magari comincerà a pensare di non avere abbastanza tempo, che il metodo non è così facile, che il proprio metabolismo è diverso eccetera. In realtà tutte queste motivazioni nascondono la mancanza di volontà o di coraggio a cambiare le proprie abitudini alimentari. La persona in sovrappeso o obesa, nella stragrande maggioranza dei casi, ha infatti sbagliato qualcosa nell'alimentazione. Basta capire gli errori e porvi rimedio senza frapporre ostacoli e si trova, sempre, la soluzione.

Bisogna dunque essere disposti a modificare le proprie abitudini alimentari sbagliate. Spesso ciò non è facile perché bisogna mettere in discussione consuetudini e concetti molto radicati e questo comporta all'inizio un po' di impegno, come per qualsiasi cambiamento. Superata la fase iniziale, ci si rende però presto conto che la Zona non è affatto difficile, che il proprio metabolismo non è così strano e che vale la pena di provarci davvero.

Questo metodo ha anche il pregio di instaurare un rapporto chiaro e inequivocabile con l'alimentazione: se si seguono le regole si ottengono gli effetti auspicati, se si trasgrediscono ripetutamente non si raggiungono i risultati. Ma, in quest'ultimo caso, si sa con precisione la ragione e si sa anche come rimediare.

Si riesce, insomma, a equilibrare quel rapporto di confusione e frustrazione con il cibo che porta in alcuni casi a temerlo anziché a ritenerlo un prezioso alleato.

I programmi alimentari degli ultimi decenni hanno portato gli americani a essere il popolo più grasso del mondo e gli italiani al secondo posto in Europa, dopo i tedeschi. Pur seguendo le indicazioni nutrizionali di massa, cioè, si continua a ingrassare: ci si trova così smarriti e sfiduciati. Deve esserci qualcosa che non va: non è possibile che l'unica motivazione sia la scarsa attività fisica, in un Paese dove le palestre si moltiplicano a vista d'occhio. L'esercizio fisico è importante, e anche la Zona lo sottolinea e lo raccomanda, ma se gli sforzi non sono supportati da un'adeguata e corretta alimentazione che controlli la causa primaria dell'ingrassamento, cioè l'insulina, le possibilità di successo sono scarse, come possono testimoniare tutte quelle persone che in palestra o all'aperto si impegnano moltissimo ma non vedono esaudite le loro aspettative di perdita di massa grassa.

Così, si cominciano a fare esperimenti: una dieta di moda, letta su un giornale, oppure l'indiscriminata limitazione di calorie, metodi da autodidatti che talvolta portano a qualche risultato, ma possono rivelarsi rischiosi per la salute, oltre che effimeri. Il più delle volte, non appena si è ottenuto qualche risultato, ricominciano gli stessi errori e si ingrassa. Anzi, frustrati, e pieni di sensi di colpa, normalmente ci si consola... con una bella abbuffata.

Per risolvere il problema alla radice bisogna andare alla causa dell'ingrassamento e soddisfare le necessità nutrizionali individuali, nel rispetto delle risposte ormonali dell'organismo.

Lo sbilanciamento strutturale dei pasti consigliato da alcuni metodi o il semidigiuno, che ha effetti sempre pessimi sotto tutti gli aspetti, contengono una implicita ammissione di sofferenza e di privazione, che può ingenerare equivoci e creare i presupposti per stati emotivi negativi, oltre che per un perenne senso di fame.

Inoltre fa riflettere il fatto che certe diete siano raccomandate per periodi limitati perché il loro prolungamento potrebbe compromettere la salute. La Zona, invece, si consiglia per tutta la vita perché promuove la salute.

L'effetto benefico sulla salute

Gli aspetti medico e biochimico della Zona sono stati spiegati diffusamente dal dottor Sears in *Come raggiungere la Zona* e *La Zona anti-età*. Vale la pena riportarne brevemente i punti salienti.

I medici conoscono l'importanza dell'alimentazione per la salute e spesso, saggiamente, prima di prescrivere farmaci per correggere valori ematici che, se pur fuori norma, consentano di temporeggiare, consigliano al paziente il controllo e la modifica delle sue abitudini alimentari.

La Zona non vuole sostituirsi alla terapia farmacologica, ma può affiancarla proficuamente in alcuni casi e patologie.

Può diventare un prezioso alleato per la salute soprattutto se applicata in modo preciso e scrupoloso, sotto la supervisione di esperti. Particolare attenzione merita chi assume farmaci, perché qualsiasi cambiamento dietetico può variare il metabolismo delle medicine e perché potrebbe essere necessario ridurne il dosaggio dopo un certo periodo di tempo nella Zona.

Il medico o lo specialista devono essere messi al corrente della variazione nell'alimentazione per poter osservare e valutare i progressi con le indagini più opportune.

Si registrano miglioramenti sui seguenti parametri ematici e patologie:

- colesterolo totale, TC/HDL, trigliceridi
- $HgbA_1C$, HMG-CoA-reduttasi
- insulina a digiuno
- glicemia a digiuno
- ipertensione
- diabete di tipo 1 e 2
- cardiopatie
- sindrome X
- cancro
- sindrome policistica ovarica o PCOS
- artrite
- sclerosi multipla
- lupus eritematoso
- AIDS
- affaticamento cronico
- alcolismo
- depressione

- sindrome premestruale o PMS
- impotenza
- dolore cronico
- eczema
- psoriasi.

Altri disturbi trovano sollievo nella Zona. Tra questi la cosiddetta malinconia invernale – che colpisce alcune persone e che è riconducibile a un impigrimento stagionale nel rilascio di melatonina da parte dell'epifisi, legato al cambiamento delle fasi luce-buio – e il jet lag dei viaggiatori, che devono fare i conti con i fusi orari e hanno quindi un rilascio sregolato di melatonina. Entrambi beneficiano dell'aumentata produzione di eicosanoidi buoni, che stimolano la produzione di melatonina e quindi ne attenuano, a volte vistosamente, gli effetti da carenza.

L'iperattività che caratterizza alcune persone, specialmente bambini, trova giovamento con la Zona, sia se causata da neurotrasmettitori troppo attivi, sia che dipenda da ipoglicemia.

Accanto al miglioramento di patologie più o meno gravi, non deve essere trascurata la componente preventiva della Zona, che concorre a ridurre il rischio di alcune patologie come i trombi, l'insulino-resistenza, l'osteoporosi e la restenosi.

I piccoli disturbi come le influenze e i raffreddori diventano più rari e leggeri. La Zona, oltre a rafforzare il sistema immunitario, stimola la produzione di eicosanoidi buoni, il che la rende efficace in molti ambiti della salute.

Possiamo dire, insomma, che la Zona aiuta il nostro organismo a corazzarsi e a difendersi contro le piccole e le grandi insidie per la nostra salute.

L'effetto anti-invecchiamento

Chi non desidera ritardare l'invecchiamento e vivere il più a lungo possibile in buona salute? Lo stile di vita pro Zona ci aiuta a raggiungere questo obiettivo, agendo su quelli che Barry Sears definisce i quattro pilastri fondamentali dell'invecchiamento: l'eccesso d'insulina, i radicali liberi, gli zuccheri ematici, il cortisolo.

Ma non solo: è addirittura possibile invertire, in una certa misura, questo processo seguendo semplici regole quotidiane che si basano sulla regolazione del metabolismo ormonale attraverso l'uso appropriato del farmaco più potente che abbiamo a disposizione: il cibo.

Sono tre gli elementi che fanno da antidoto all'avanzamento dell'età: la restrizione calorica e in particolare quella condotta con il metodo alimentare pro Zona, l'esercizio fisico controllato e la riduzione dello stress. Questi elementi agiscono sul sistema ormonale che, così controllato, risente meno degli scombinamenti tipici dell'invecchiamento, ritardandone gli effetti indesiderati.

La componente più importante è quella alimentare, responsabile all'80% del successo di questo programma: con la restrizione calorica si riduce ovviamente l'apporto dei temuti radicali liberi, ma soprattutto con la Zona si controlla il livello di glucosio nel sangue e la produzione d'insulina, che non arriva mai ai livelli indesiderati.

Controllando la glicemia, viene automaticamente limitata anche la secrezione di cortisolo, la cui produzione, oltre che allo stress, risponde ai bassi livelli di zuccheri nel sangue.

Con la Zona possiamo ridurre le calorie senza avere gli effetti indesiderati delle diete squilibrate in carboidrati, proteine e grassi perché si basa su un giusto bilanciamento delle quantità, delle qualità e dei tempi d'introduzione dei macronutrienti, con una particolare attenzione ai carboidrati ad alto indice glicemico (IG), cioè quelli responsabili di una brusca risposta insulinica. Questi equilibri consentono di non avere senso di fame, di privazione o denutrizione come succede comunemente nelle altre diete, ma di fornire al corpo tutti gli elementi di cui necessita, senza inutili sprechi.

Gli alimenti che rientrano nell'alimentazione pro Zona rispondono anche a specifiche esigenze nutrizionali accentuate dall'età. Per esempio l'olio d'oliva, consigliato da questo metodo, esercita un effetto favorevole sulla mineralizzazione dell'osso; l'avena, che è il cereale preferibilmente consigliato nella Zona, apporta il GLA, un acido grasso essenziale della serie Omega 6 molto importante per la produzione di eicosanoidi. La sua produzione fisiologica si deprime e si riduce progressivamente con l'età, a partire dai 30 anni, fino a diventare insufficiente. È rarissimo, essendo presente in pochissimi cibi come l'avena e l'olio di borragine, ed è per questo che fare rientrare l'avena nelle proprie abitudini alimentari diventa importante per chi vuole contrastare l'avanzamento degli anni.

Altro elemento contro l'invecchiamento è l'esercizio fisico, che deve essere moderato e costante. Non è provato che un'attività fisica intensa e impegnativa produca benefici effetti sull'invecchiamento, e inoltre non è alla portata di tutti trovare il giusto equilibrio tra benefici e stress organico, che induce la formazione di radicali liberi e cortisolo. Al contrario, è provato che la mancanza di movimento incide negativamente sulla possibilità di allungamento della vita.

Si consiglia di eseguire sia l'allenamento aerobico, cioè quello in cui si utilizza ossigeno, tipo corsa lunga, sia quello anaerobico, cioè quello in cui non si utilizza ossigeno, tipo sforzo breve ma intenso, entrambi in modo leggero.

La soluzione ottimale è di eseguire i due tipi di lavoro in giorni separati, ma se ciò non fosse possibile è meglio iniziare con quello anaerobico, a cui far seguire quello aerobico.

Partiamo quindi dal primo, utile a mantenere o a costruire

la necessaria massa muscolare che consentirà una buona funzionalità nel tempo.

Gli esercizi possibili sono molti e di facile esecuzione. Non richiedono necessariamente l'impiego di attrezzature e si possono eseguire anche in casa. Sono semplici, alla portata di tutti e molto salutari. E dunque... coraggio!

Bastano 5-10 minuti, interessando sia la parte superiore del corpo, sia quella inferiore. Si possono incrementare le difficoltà a mano a mano che si progredisce nell'allenamento, dapprima moltiplicando il numero di ripetizioni, poi passando al successivo stadio di impegno muscolare aumentandone la difficoltà, ma sempre in modo graduale. Quando si è esaurito l'incremento di allenamento a corpo libero si può adottare l'uso di attrezzi non ingombranti, come per esempio i manubri, che possono essere riposti ovunque. L'impegno anaerobico non deve mai, comunque, superare i 45 minuti, perché oltre questo limite inizia la produzione di cortisolo.

L'esercizio aerobico, invece, riduce l'insulina con un esercizio continuato per almeno 30 minuti. Ognuno può scegliere a piacere a quale attività dedicarsi: può camminare a passo svelto ma senza farsi venire il fiatone (si deve immaginare di poter sostenere un colloquio con un reale o ipotetico compagno), oppure si può nuotare o andare in bicicletta o correre o fare step. Con il tempo e l'allenamento si potranno incrementare le difficoltà per mantenere l'efficacia degli esercizi. Per esempio, si potrà andare in salita o impegnarsi nel salire le scale, usare la cyclette, il tapis roulant o il vogatore, con progressive e graduali fasi di incremento.

Gli esercizi (vedi pp. 43-49) andrebbero eseguiti giornalmente o almeno 5 giorni alla settimana e presuppongono una buona condizione fisica.

Per finire, un'importante arma anti-età è la diminuzione dello stress. Purtroppo questo è il parametro più difficile da controllare al giorno d'oggi. Ma ci si può provare...

Non è ancora dimostrata l'influenza dello stress sull'avanzamento dell'età biologica, anche se pare che intervenga promuovendo la produzione di un eccesso di cortisolo e adrenalina che interferiscono sulla produzione degli eicosanoidi.

Le metodiche che possono aiutare a riequilibrarsi spiritualmente ed emotivamente sono tante, e possono essere scelte in base alle preferenze individuali. C'è chi riesce a rilassarsi dedicandosi al giardinaggio, chi trova distensiva la lettura di un libro, chi trae giovamento da un'attività sportiva e chi sa applicare la meditazione in modo proficuo. Non importa cosa si sceglie, l'essenziale è dedicare una parte del proprio tempo al relax: oltre a sentirsi subito meglio, ci sono buone possibilità che anche i livelli ormonali ne ricavino un vero, deciso beneficio.

3

Come entrare nella Zona

Il metodo Zona si compone di 4 elementi, ognuno già importante di per sé, e che insieme si rafforzano l'un l'altro:

- scelta dei grassi alimentari
- esercizio fisico
- assunzione di Omega 3
- adozione della dieta 40/30/30.

Come scegliere i grassi

I grassi hanno un ruolo fondamentale nella dieta. Nell'organismo svolgono molte funzioni importanti, che possono essere distinte schematicamente in:

1. fonte di energia e deposito di riserve energetiche;
2. elementi di struttura e di funzionalità cellulare, specialmente a livello di membrana;
3. fonte di acidi grassi essenziali;
4. precursori di eicosanoidi.

Inoltre svolgono l'importante funzione di veicolare le vitamine liposolubili: senza grassi adeguati, il corpo non può assorbire la vitamina D e trasportare il calcio a ossa e denti, oppure non può convertire il carotene in vitamina A.

Nel corpo la presenza di una percentuale di grasso assicura protezione a organi vitali come cuore, reni e fegato e procura isolamento termico attraverso il grasso sottocutaneo.

I grassi alimentari, oltre a svolgere importanti ruoli metabolici e funzionali, servono a dare senso di sazietà e sapore ai cibi; inoltre rallentano l'assorbimento dei carboidrati e quindi la secrezione insulinica. È anche per questo loro ruolo che vengono ritenuti favorevoli nell'alimentazione pro Zona.

Ma è necessario conoscerli per operare una scelta opportuna.

Alcuni nutrizionisti americani sostengono che uno dei motivi del fallimento della dieta salutistica raccomandata dalla USDA, che ha portato l'America ad avere una popolazione di obesi e una massa di persone affette da piccole e grandi patologie, sta proprio nel fatto di avere demonizzato i grassi senza provvedere a fornire informazioni specifiche, forse pensando che la gente non fosse in grado di capire la differenza che esiste tra un grasso e l'altro.

Fortunatamente, in Italia la produzione olearia nazionale ha imposto l'attenzione sull'olio d'oliva, che è sempre stato consigliato; inoltre il consumo di pesce, un'altra importante fonte di grassi benefici, è stato abbastanza favorito dalla nostra posizione geografica.

La Zona sfida le opinioni correnti nei riguardi dei grassi, non perché ne favorisca un consumo eccessivo, anzi ne modera i quantitativi, ma perché invece di demonizzarli li consiglia, raccomandando però di sceglierli con attenzione in base alla produzione degli eicosanoidi buoni.

* * *

I grassi alimentari sono costituiti da miscele variabili di grassi e vengono generalmente assunti come trigliceridi. Sono classificati in base alle caratteristiche della maggioranza di acidi grassi che li compongono, a seconda cioè del numero dei doppi legami presenti nella loro catena.

Ne esistono di 3 tipi:

1. saturi, cioè privi di doppi legami. Provengono in gran parte dagli animali e sono solidi a temperatura ambiente. Si trovano nel grasso delle carni, nel lardo, nello strutto, nel burro, nei latticini, ma anche in gran quantità nell'olio di cocco e di palma. Questi ultimi sono oli vegetali molto economici perché importati da Paesi in via di sviluppo e quindi vengono largamente usati nell'industria alimentare, che li utilizza perché sono stabili e non irrancidiscono, conservando a lungo anche gli alimenti che li contengono. Possono far parte di miscele composite: la legislazione italiana non obbliga alla specificazione costitutiva. Vengono indicati nelle confezioni con la tranquillizzante scritta «oli vegetali» o «grassi vegetali», a seconda dello stato fisico, che dichiara la loro origine vegetale ma non la loro dannosa saturazione. Nella Zona si consiglia di limitarne l'uso il più possibile perché favoriscono l'insorgenza dell'insulino-resistenza;
2. monoinsaturi, cioè con un solo doppio legame. Ne contengono le olive e quindi l'olio d'oliva, le mandorle, l'avocado, le noccioline americane, le noci di macadamia eccetera. Sono queste le fonti di grassi aggiunti preferite nella Zona, perché non agiscono sull'insulina se non rallentando l'assorbimento dei carboidrati, e sono neutrali nei confronti degli eicosanoidi. Non sono convertiti né in eicosanoidi buoni né in quelli cattivi e non turbano il delicato equilibrio che si vuole creare tra loro. Posseggono invece importanti caratteristiche nutrizionali;

3. polinsaturi, cioè forniti di più di un doppio legame. Si trovano un po' dappertutto e sono liquidi a temperatura ambiente. Ne esistono di vari tipi e ne sono particolarmente ricchi gli oli di semi. I più interessanti per la Zona sono gli acidi grassi essenziali Omega 6 e Omega 3, che danno origine a eicosanoidi diversi. I primi sono presenti prevalentemente nei cibi proteici e in molti oli usati in cucina; i secondi, al contrario, scarseggiano nella nostra dieta. Una volta si trovavano nella carne del bestiame allevato a erba; ora un particolare Omega 3, l'EPA o acido eicosapentaenoico, si trova soprattutto in alcuni pesci, per esempio nelle sardine e nel salmone. L'interesse per la loro presenza negli alimenti è cresciuta negli ultimi tempi, tanto da richiamare l'attenzione degli allevatori per la fornitura di carni e di latte arricchiti da Omega 3. Nella dieta corrente si assumono molti Omega 6 ma troppo pochi, importantissimi, Omega 3, ed è questa osservazione che focalizza l'attenzione del metodo Zona per correggere questo squilibrio alimentare con opportuni interventi, argomento di cui si parlerà diffusamente più avanti.

Esiste poi un altro tipo di grassi che non sono il prodotto della natura, ma dell'uomo, attraverso una lavorazione industriale. Sono i grassi idrogenati o «trans», che ultimamente hanno accentrato l'interesse di molti nutrizionisti per la loro pericolosità.

Si tratta di grassi polinsaturi trasformati in grassi saturi attraverso il processo di idrogenazione che avviene cataliticamente con calore a bassa pressione.

È in questo modo che, per esempio, dagli oli liquidi di soia, girasole e mais si ricavano margarine solide che si conservano molto a lungo nel tempo senza irrancidire. Possono quindi essere usate dall'industria alimentare per preparare prodotti che a loro volta conservano a lungo la freschezza come biscotti, cracker, merendine, dolci di pasticceria, creme spalmabili eccetera.

Il processo di idrogenazione implica una modifica alla struttura molecolare dei grassi che cambiano la configurazione spaziale da quella « cis » a quella « trans » dei grassi saturi, da cui il loro nome.

In questo processo i catalizzatori al nichel che si usano lasciano tracce di questo metallo tossico nel prodotto, e quindi nell'organismo, se non si procede a lavorazioni depurative.

Comunque, non tutte le margarine contengono quantitativi eccessivi di questi pericolosi grassi idrogenati perché si ottengono con un nuovo metodo, detto interesterificazione, che limita il contenuto di grassi insaturi. Sono di questo tipo quelle semisolide o quelle di olio di semi di girasole non idrogenato.

Nei prodotti commerciali la quantità di grassi trans può variare e la legislazione italiana non obbliga ancora a specificare sulle etichette la loro presenza, come avviene negli Stati Uniti, mentre le confezioni devono dichiarare l'eventuale presenza di grassi idrogenati o parzialmente idrogenati o interesterificati.

Alcune confezioni possono dichiarare l'assenza di grassi idrogenati, che invece vengono usati nei fast food.

Ma perché sono nocivi? Per vari motivi.

Per inibizione competitiva bloccano gli enzimi che intervengono nel metabolismo dell'acido linoleico (AL), un Omega 6 essenziale che l'organismo non è in grado di sintetizzare e che si deve assumere con la dieta; di conseguenza interrompono la produzione di eicosanoidi, come le prostaglandine, che regolano il tono muscolare delle pareti arteriose, la pressione sanguigna, le funzioni renali e le infiammazioni.

Inoltre gli acidi grassi idrogenati rendono le cellule più permeabili anche alle sostanze tossiche, alterando la selettiva barriera di membrana.

Si ritiene inoltre che indeboliscano le funzioni immunitarie e che influiscano sul metabolismo lipoproteico aumentando il colesterolo «cattivo» LDL e diminuendo quello «buono» HDL, comportandosi metabolicamente come acidi grassi saturi.

Alla Harvard Medical School è stata dimostrata la connessione tra consumo di prodotti contenenti grassi trans e il rischio di malattie cardiache. Oggi si sa che i grassi idrogenati superano anche la placenta, che si riteneva una barriera efficace al loro passaggio, e che si trovano nel latte materno, dove si riscontra una proporzionalità diretta tra la loro presenza e la dieta della madre. È quindi prudente limitare, se non evitare, i cibi ricchi di grassi idrogenati in gravidanza, durante l'allattamento e nell'infanzia.

Nella Zona si consiglia quindi una selezione dei grassi alimentari che, se ben usati, costituiscono un prezioso contributo alla nostra salute.

Se ne assume una parte con i cibi come, per esempio, i pesci, gli alimenti proteici e gli oli di cottura; l'altra quota è fornita da quelli aggiunti, che devono essere soprattutto di tipo monoinsaturo, come l'olio d'oliva, meglio se extravergine (come deve essere indicato in etichetta), perché è in questo modo che si mantengono intatte le sue preziose caratteristiche nutrizionali di patrimonio vitaminico e antiossidante.

L'acidità di un olio ne indica la qualità: fino al valore 1, è considerato extravergine, tenendo conto che minore è l'acidità migliore è il prodotto (intorno a 0,3 si ha un olio buono; con acidità inferiori, rare da trovare, si hanno oli ancora migliori).

Il tipo «spremuto a freddo» non subisce alcuna lavorazione industriale e conserva le proprietà aromatiche che possono interessare i buongustai.

Non sempre il gusto e il sapore dell'olio d'oliva sono graditi a tutti i palati, ma prima di rinunciare al suo consumo è meglio allargare le possibilità di scelta, ricorrendo alla vasta gamma di prodotti nazionali che fortunatamente differiscono tra loro anche in modo notevole, per la diversa provenienza e la qualità delle olive.

Nella scelta dell'olio costituisce un elemento importante la freschezza, che assicura un prodotto avulso da quel dannoso processo, denominato irrancidimento ossidativo, che avviene anche a temperatura ambiente e molto velocemente negli oli vecchi o precocemente invecchiati.

In un olio extravergine d'oliva, specie se giovane, sono presenti vitamina E e polifenoli in concentrazioni ottimali per proteggere gli acidi grassi dall'ossidazione.

È il condimento più idoneo anche nella cottura perché è il più resistente al deterioramento e alla degradazione provocati dall'azione prolungata del calore. Infatti le alte temperature apportano ai grassi importanti modificazioni che sono proporzionali al loro grado di insaturazione.

Gli acidi grassi sono tanto più stabili al calore quanto più sono saturi: i punti di insaturazione sono infatti quelli in cui l'acido grasso tende a spezzarsi e quindi a deteriorarsi trasformandosi in composti altamente pericolosi per la salute. I più resistenti al calore sono quindi gli acidi grassi saturi, che però sono sconsigliati a causa dei gravi pericoli che comportano per l'organismo.

I grassi monoinsaturi come l'acido oleico, contenuto in grande percentuale nell'olio d'oliva (75%), sono molto resistenti ai fenomeni ossidativi della cottura per la presenza di un solo punto debole d'insaturazione e per il loro contenuto in antiossidanti naturali. Per questo sono i più consigliati.

Sono preferibili ai grassi polinsaturi, costituiti principalmente dagli oli di semi, che, avendo molti doppi legami, sono più fragili ed esposti ai pericolosi processi ossidativi delle alte temperature.

Sono da evitare gli oli di semi vari.

Al fine di fornire le necessarie indicazioni per operare una scelta consapevole degli oli alimentari, si fornisce una tabella che riporta il contenuto in grassi saturi, monoinsaturi, polinsaturi dei principali oli e grassi presenti sul mercato nazionale.

Tabella 3.1 - Composizione in acidi grassi dei principali oli e grassi nazionali

Oli e grassi	saturi	monoinsaturi	polinsaturi
olio di oliva	16%	75%	9%
olio di arachide	19%	53%	28%
olio di sesamo	13%	40%	43%
olio di girasole	11%	33%	50%
olio di mais	15%	31%	50%
olio di soia	14%	23%	59%
olio di cocco	87%	6%	2%
olio di palma	47%	24%	3%
burro di arachidi	11%	27%	14%
strutto	43%	43%	12%
burro	49%	24%	3%

Dalla tabella risulta pertanto che l'olio d'oliva è il migliore sia a crudo, sia per la cottura, poiché contiene la più alta percentuale di grassi monoinsaturi. Seguono l'olio di arachide, di sesamo e di girasole.

Riassumendo: la scelta privilegiata di grassi aggiunti cade su un unico tipo, i monoinsaturi, ben rappresentati dall'olio extravergine d'oliva, le olive, le mandorle, le arachidi eccetera. Se questa preferenza non è gradita, si possono utilizzare quelli che, pur essendo soprattutto polinsaturi, contengono la percentuale più alta di monoinsaturi, come l'olio di arachidi.

Per difendersi dai pericoli e dalle insidie di grassi dannosi, bisogna invece limitare il consumo di margarine, burro, strutto, lardo, formaggi grassi e in genere di grassi animali visibili; ma anche di prodotti che elencano tra i loro ingredienti le margarine, i grassi e gli oli vegetali, i grassi parzialmente idrogenati, quelli idrogenati o trans, lo strutto, il burro eccetera. Si possono trovare nelle produzioni dell'industria dolciaria come panettoni, biscotti, fette biscottate, merendine, ma anche nella pasticceria artigianale eccetera.

Purtroppo, l'Italia è anche tra i più grandi importatori di oli di palma, di cocco e palmisti, che hanno un effetto trombogeno e ipercolesterolemizzante, nonostante siano di origine vegetale.

L'esercizio fisico

L'importanza dell'esercizio fisico è ormai riconosciuta.

Alla sensazione di benessere che si prova dopo un allenamento si sommano gli effetti benefici per il sistema cardiovascolare, per la forza, per il controllo del peso e per la salute.

Studi della American Diabetes Association (ADA) riconoscono all'esercizio fisico un ruolo importante nella riduzione del rischio diabetico, e per i soggetti che presentano il diabete di tipo 2 ritengono necessari solo due tipi di trattamenti: dieta ed esercizio.

Ma cosa c'entra l'impegno fisico con la modulazione ormonale della Zona? Moltissimo, e anzi l'allenamento può esaltare i benefici effetti dell'alimentazione pro Zona, amplificando e complementando la risposta ormonale agli alimenti: se si ingeriscono quelli giusti, nelle dovute proporzioni e con le opportune modalità, l'allenamento rende più efficace la Zona e, viceversa, il metodo alimentare di Sears rende gli allenamenti più efficaci e proficui. Se invece l'alimentazione non è corretta, il beneficio dell'esercizio fisico è limitato, se non vanificato.

Impegnarsi in un'attività fisica non basta comunque a far raggiungere gli effetti salutari che si attende chi vuole perdere i chili di troppo, chi vuole migliorare la propria salute, la propria forza o resistenza: serve anche un apporto alimentare corretto.

L'esercizio fisico abbassa l'eccesso di glucosio nel sangue – secondo un meccanismo non ancora totalmente chiaro – e di conseguenza quello d'insulina, in quanto l'allenamento sapiente comporta il consumo anziché l'accumulo di energia, ma soprattutto, se moderato, l'utilizzo di quella immagazzinata nei grassi.

Le maggiori riserve corporee di energia sono i grassi, che costituiscono il principale carburante di scorta per l'organismo. Anzi, si ritiene che siano anche la migliore fonte di resa calorica, in quanto il loro valore calorico specifico è pari a 9,3 cal/g contro le 4,1 cal/g dei carboidrati, o glucidi, e delle proteine.

A essi vanno aggiunti il glicogeno muscolare ed epatico. Quest'ultimo viene utilizzato quando il livello dei glucidi o zuccheri ematici scende a valori troppo bassi e quindi pericolosi per la salute e per la sopravvivenza. Il glicogeno costituisce quindi la riserva di glucidi a rapido utilizzo.

Secondo un calcolo approssimativo, ma che dà un'idea delle quantità, nel corpo di un uomo di 70 kg la presenza di glucidi, come espressione della possibilità energetica, compresa quindi la quantità di glicogeno, è di 370 g, sufficienti a svolgere una normale attività di 13 ore. Per questo è necessario un continuo apporto di fonti caloriche con la dieta, e un meccanismo biochimico che aiuti l'organismo a coprire questa elevata vulnerabilità energetica, che farebbe soccombere un soggetto in caso di digiuno protratto anche per tempi modesti o non permetterebbe a un maratoneta di portare a termine la sua gara. Questo meccanismo è il metabolismo dei grassi.

I grassi che si accumulano nell'organismo possono derivare tanto dai grassi della dieta, quanto dall'eccesso di carboidrati (glucidi) e proteine introdotti con l'alimentazione. I tre «compartimenti» dei macronutrienti (proteine, carboidrati e grassi) non sono infatti separati nel metabolismo, ma possono convergere secondo necessità l'uno nell'altro. Ciò spiega, per esempio, perché mangiare troppa pasta (glucidi) fa ingrassare.

Il magazzino dei grassi non va però immaginato come qualcosa di stabile e statico che interviene solo nei momenti di necessità estrema, ma piuttosto come un «organo» con un'enorme attività che, secondo alcuni ricercatori, si esplica attivamente in qualsiasi momento della giornata. Si è visto che il turn over ematico di acidi grassi, che sono uno dei prodotti del catabolismo dei grassi assieme al glicerolo, è 30 volte superiore a quella del glucosio.

Il metabolismo del corpo è quindi legato direttamente e indirettamente alla secrezione insulinica, regolata dalla Zona. Questo ormone controlla il destino dei carboidrati alimentari, ma anche quello delle proteine e dei grassi, immagazzinandoli come grasso quando c'è sovrabbondanza.

Fuori dalla Zona, invece, diminuisce il consumo dei grassi perché i muscoli si devono accontentare dei carboidrati, che sono una fonte energetica meno nobile.

L'insulina influenza anche la sintesi degli eicosanoidi, in quanto la sua presenza promuove la produzione di quelli cattivi attraverso l'attivazione dell'enzima delta-5-desaturasi, mentre il suo controllo, che ne consente una secrezione modulata, dirotta la produzione di questi ormoni verso quelli buoni.

È proprio l'equilibrio tra gli eicosanoidi che controlla il rilascio dei grassi dalle riserve, che nella Zona vengono mobilitate più rapidamente. Inoltre migliora il funzionamento del sistema cardiovascolare, l'ossigenazione muscolare, la prontezza mentale eccetera, tutti parametri che consentono migliori performance.

La produzione di eicosanoidi buoni è influenzata anche dal glucagone, anch'esso stimolato dall'alimentazione pro Zona attraverso l'adeguata assunzione di proteine. Questo ormone inibisce la funzionalità del delta-5-desaturasi e quindi la produzione di eicosanoidi cattivi. Perciò la sua azione sulla mobilizzazione dei grassi risulta duplice.

* * *

Il sistema ormonale è collegato, direttamente o indirettamente, dai suoi messaggeri chimici che sono gli ormoni, per cui è facile intuire come l'esercizio fisico influenzi molti ambiti del nostro corpo, alcuni conosciuti, altri ancora oscuri.

Per esempio, si conoscono gli effetti degli esercizi aerobici sull'insulina e la stimolazione che quelli anaerobici producono sull'ormone della crescita (GH) e sul testosterone, ma ci sono opinioni discordanti e controverse sugli effetti dell'intensità e delle modalità di allenamento.

In questa sede si considera un esercizio fisico moderato, che va bene per la maggior parte delle persone e consente i controlli ormonali che si prefigge.

Esercizi anaerobici e aerobici

Gli esercizi anaerobici e aerobici consentono di agire su sistemi ormonali differenti, e di conseguenza sono consigliati entrambi.

Negli esercizi anaerobici, come la corsa veloce, gli scatti o il sollevamento pesi, l'intensità è abbastanza elevata da creare un debito d'ossigeno nelle cellule muscolari. In conseguenza di ciò si produce acido lattico, proveniente dalla scissione anaerobica del glucosio, il cui accumulo provoca quella sensazione di bruciore, crampi e a volte anche di dolore che tutti conosciamo. A prima vista si direbbe che queste attività non servano alla Zona, avendo inoltre un'efficienza calorica che è solo l'8% di quella che si avrebbe con la scissione aerobica del glucosio. Ma, oltre a sviluppare la massa magra corporea, ciò che fanno è utilizzare indirettamente i grassi.

Infatti, se l'esercizio anaerobico è abbastanza intenso, viene stimolata la produzione, assieme a quella del testosterone, del potentissimo ormone della crescita che, tra le altre funzioni, presiede alla riparazione delle microlesioni muscolari provocate dall'allenamento anaerobico; anzi, sostituisce le fibre muscolari con altre di dimensioni maggiori. Tutta l'enorme quantità di energia necessaria a svolgere questo compito proviene dalla riserva dei grassi. Il GH, infatti, è considerato il più potente bruciagrassi dell'organismo.

Per ottenere la secrezione di GH da parte dell'ipofisi, l'allenamento deve superare la soglia del 90% della frequenza cardiaca massima.

Il suo rilascio, che è modulato anche dagli eicosanoidi buoni, è purtroppo inibito dall'insulina, indipendentemente dall'intensità dell'allenamento, per cui è chiaro come siano reciproci gli effetti di dieta ed esercizio fisico.

Il GH viene prodotto anche durante il sonno notturno, nella fase REM, per cui migliore è la qualità del sonno, come avviene nella Zona, più ormone della crescita si produrrà. Si può inoltre incrementare la sua produzione, utilizzando uno spuntino serale nella Zona per predisporre il sistema ormonale alla sua massima secrezione: in questo modo si potrà usufruire di tutti i benefici ormonali di un allenamento anaerobico anche durante il sonno.

Gli esercizi aerobici richiedono un maggior consumo di ossigeno e sono particolarmente adatti a bruciare i grassi. Ognuno può scegliere il tipo di attività aerobica preferita: si può camminare, nuotare, correre, andare in bicicletta o studiare un programma multiplo con l'istruttore della propria palestra, che può anche consigliare le modalità di esecuzione più opportune. L'importante è la regolarità dell'esercizio fisico. Non si riscontrano apprezzabili effetti con allenamenti discontinui e irregolari.

Per coloro che ne sono interessati, sarà utile sapere che l'intervallo d'intensità dell'esercizio aerobico che favorisce il miglior equilibrio di eicosanoidi è tra il 60% e l'80% della frequenza cardiaca massima, calcolabile con il metodo standard (220 meno il numero corrispondente all'età).

I giochi di squadra o il tennis danno meno benefici ormonali perché richiedono azioni discontinue e picchi istantanei che incidono negativamente sul metabolismo aerobico. Si possono eseguire in sovrappiù, per divertimento, ma non garantiscono i massimi benefici ormonali, per cui non sono da inserire come parte del proprio programma di attività fisica aerobica.

La soluzione ottimale, per chiunque voglia intraprendere un serio programma mirato al miglioramento dell'efficienza fisica, consiste nell'allestire una piccola palestra casalinga, che offrirà numerose possibilità di lavoro. Anche per coloro che non dispongono di spazio sufficiente per ospitare un'attrezzatura completa, un paio di manubri caricabili a piacere con circa 40 kg di dischi di peso variabile da 0,5 a 5 kg possono offrire buone opportunità di allenamento sia per le donne sia per gli uomini.

I vari macchinari multiuso attualmente in commercio, anche se offrono dei vantaggi, sono meno efficaci dei pesi liberi, poiché questi ultimi consentono di lavorare su tutti i piani dello spazio, con notevoli benefici per quanto riguarda la possibilità di eseguire traiettorie fisiologiche con relativo miglioramento della mobilità articolare. Anche il numero di esercizi che possono essere eseguiti con questi semplici attrezzi è decisamente superiore a ciò che può offrire la più sofisticata delle macchine. Se a ciò si aggiunge il minor costo d'acquisto, si completano le osservazioni che fanno preferire i manubri a qualunque macchina.

Di seguito si propone un semplice ma efficace programma di esercizi a carattere anaerobico che avranno lo scopo di tonificare la muscolatura e migliorare la forza di chi lo pratica.

Eseguire sempre un lavoro di leggero riscaldamento generale, tipo cyclette, corsa sul posto, salto della corda eccetera per 5-10 minuti, a ritmo blando. L'obiettivo è quello di riscaldare senza affaticare, raggiungendo uno stato di leggera sudorazione; integrare con qualche movimento di circonduzione delle braccia, servendosi eventualmente di un elastico (una vecchia camera d'aria di bicicletta servirà egregiamente allo scopo); concludere la fase di riscaldamento con leggeri esercizi di stretching, cioè allungamento muscolare (raggiungere un grado di tensione appena percepibile, senza forzare ulteriormente).

Dopo il riscaldamento eseguire nell'ordine gli esercizi descritti più sotto.

Si termina la seduta effettuando esercizi di stretching che interessino tutto il corpo, cercando di raggiungere una tensione più elevata rispetto a quella della fase iniziale, rimanendo tuttavia sempre sotto la soglia del dolore.

Questo lavoro, che non dovrebbe richiedere più di un'ora, dovrebbe essere svolto 3 volte alla settimana a giorni alterni oppure, per chi ha poco tempo disponibile, almeno 2 volte alla settimana. Una sola seduta settimanale è decisamente insufficiente.

1. Distendersi al suolo in posizione supina, meglio se su un tappetino: piegare le gambe tenendo i piedi appoggiati sul pavimento a una distanza di circa 30 cm dai glutei; le mani possono essere tenute dietro la nuca in modo da fornire supporto al capo. Da questa posizione iniziare a flettere il busto sul bacino espirando, arrivare al punto in cui verrà avvertita una forte tensione sui muscoli addominali; lentamente tornare nella posizione iniziale inspirando. Importante: non staccare mai la zona lombare dal suolo, dato che la flessione deve avvenire a livello della colonna vertebrale e non sull'articolazione dell'anca. Iniziare eseguendo 10 ripetizioni consecutive il primo giorno; il secondo giorno è possibile inserire una seconda serie sempre di 10 ripetizioni, dopo aver riposato per circa 1 minuto. Dopo 4-5 sedute inserire una terza serie e gradualmente aumentare il numero di ripetizioni fino ad arrivare a effettuare 3 serie da 15.
2. In posizione eretta, i piedi paralleli distanziati di circa 20

cm, impugnare una bacchetta (tipo un manico di scopa) posizionandola sulle spalle; flettere leggermente il busto in avanti avendo cura di non curvare la schiena, ma di tenerla sempre ben tesa cercando di non alterare le curvature fisiologiche della colonna vertebrale. La flessione termina al punto in cui ci si può spingere in basso con il tronco senza dover curvare la schiena; le gambe vanno mantenute leggermente piegate a livello del ginocchio. Saranno sufficienti 2-3 serie di 15-20 ripetizioni.

3. La posizione di partenza ricorda l'esercizio precedente, ma i piedi ora vengono mantenuti distanti quanto la larghezza del bacino o leggermente superiore, le punte rivolte verso l'esterno (l'angolo interno deve misurare circa 90°). Mantenendo la schiena ben tesa (come per l'esercizio precedente, è fondamentale non alterare in alcun modo le naturali curve della colonna), piegare le gambe andando in accosciata, scendere fino al punto in cui è possibile mantenere i talloni ben appoggiati al suolo senza curvare la schiena. La profondità dell'accosciata potrà essere maggiore o minore in base al grado di flessibilità di alcune articolazioni, soprattutto caviglia e anca. Inspirare nella fase di discesa ed espirare durante la risalita. Quando si è in grado di compiere 3 serie da 20 ripetizioni con 1 minuto di recupero, si deve aumentare la resistenza eliminando la bacchetta ed eseguendo l'esercizio con 2 manubri. Si può partire con attrezzi da 4-5 kg ciascuno per 3 serie da 10 ripetizioni, fino ad arrivare a 3 serie da 20, per poi aumentare, aggiungendo da 2 a 4 kg, e ricominciare la progressione.
4. Per l'allenamento dei polpacci è sufficiente un oggetto stabile alto almeno 15 cm (si può benissimo sfruttare il gradino di una scala). Appoggiare gli avampiedi sul rialzo e sollevarsi il più possibile sulle punte, poi ridiscendere lentamente fino al punto da sentire lo stiramento muscolare, senza ovviamente esagerare e senza affondare in maniera

eccessiva. Ripetere per 2-3 serie da 20. Per aumentare la difficoltà si può passare dall'appoggiare i due piedi all'appoggiarne uno solo, per poi aggiungere una resistenza, impugnando un manubrio da tenere sempre con la mano dallo stesso lato della gamba che lavora.

5. Riguardo al lavoro per la parte superiore del corpo, si può iniziare con i muscoli dorsali: sistemarsi con una sedia davanti; dalla posizione in piedi piegare il tronco in avanti in modo da appoggiare la mano sulla sedia con il braccio disteso (la schiena dovrebbe essere mantenuta tesa e parallela al pavimento). In pratica ci devono essere tre punti d'appoggio: i piedi e la mano. Con quella libera impugnare un manubrio e, esercitando una trazione verso l'alto, portare la mano che impugna l'attrezzo in prossimità del torace, espirando; tornare quindi verso il basso, inspirando. È importante non permettere alla spalla di scivolare in basso durante la fase di discesa dell'attrezzo, ma mantenere sempre le spalle sul piano orizzontale. Iniziare a esercitare per prima la parte più debole. Alternare il lavoro riposando circa 30 secondi fra un braccio e l'altro. Completare 3 serie da 10-12 ripetizioni.
6. Per allenare i pettorali l'ideale sarebbe possedere una panchina orizzontale alta circa 30 cm e larga da 25 a 30 cm. Impugnare i 2 manubri e distendersi in posizione supina sulla suddetta panca tenendo i palmi delle mani rivolti in avanti oppure verso l'interno (provare le due posizioni e scegliere la più congeniale); a questo punto, espirando, spingere in alto gli attrezzi fino a distendere completamente le braccia sopra il torace. Effettuare il ritorno lentamente, controllando la discesa dei pesi e inspirando profondamente, in modo da espandere bene la cassa toracica. Non bisogna scendere in maniera eccessiva: è sufficiente arrivare con il centro dell'impugnatura al livello della parte superiore del torace, quindi ripetere. La traiettoria degli attrezzi si deve sviluppare sempre al di sopra

del torace, senza permettere ai manubri di spostarsi indietro verso le spalle o avanti verso l'addome. Eseguire 3 serie da 10 ripetizioni con pausa di circa 1 minuto.

7. Ora un esercizio per le spalle. In piedi, gambe leggermente divaricate, impugnare 2 manubri piuttosto leggeri (inizialmente possono bastare anche 2-3 kg), sollevare lateralmente le braccia fino a portarle sul piano delle spalle: non è necessario andare oltre il piano orizzontale. I gomiti vanno tenuti leggermente piegati per non creare tensioni sull'articolazione, i palmi delle mani sempre rivolti in basso. Espirare durante il sollevamento ed espirare nella fase di ritorno. Il movimento va eseguito lentamente in 3 serie da 10-12 ripetizioni.
8. Per un lavoro diretto sulle braccia si possono eseguire, partendo dalla posizione in piedi, flessioni degli avambracci sulle braccia, tenendo in mano 2 manubri: questo esercizio coinvolge i bicipiti. Si possono fare 2-3 serie da 10-12 ripetizioni.
9. I tricipiti si possono sollecitare con estensioni delle braccia con manubri. Distendersi sulla panchina oppure anche al suolo, in posizione supina. Partire con le braccia tese in alto sopra al torace; senza muovere i gomiti lasciare flettere gli avambracci portando gli attrezzi ai lati delle orecchie. Attenzione a non colpire il viso con i manubri e a non chiudere totalmente l'angolo al gomito al termine della fase di ritorno. Effettuare 3 serie da 10 ripetizioni.

Anche le persone meno giovani possono eseguire i precedenti esercizi, traendone giovamento.

Per coloro che non sono in buona condizione fisica, ma hanno concordato con il proprio medico di fare qualcosa, si consiglia di iniziare evitando gli esercizi nn. 2-7-8-9.

L'esercizio n. 2 sarà sostituito da quello descritto di seguito: posizionarsi al suolo su un tappetino in posizione di quadrupedia (mani e ginocchia appoggiate sul pavimento, la schiena all'incirca in posizione orizzontale), sollevare estendendo orizzontalmente gli arti opposti, braccio destro gamba sinistra, mantenere l'equilibrio per 5-6 secondi e ripetere dalla parte opposta. Eseguire 10-12 ripetizioni per parte, alternando e ripetendo l'esercizio per 2 o 3 volte.

Per quanto concerne l'attività aerobica, la scelta dei mezzi allenanti è ancora più vasta. Si può decidere di correre, pedalare, nuotare, praticare sci da fondo o lo ski roller eccetera.

Qualunque sia l'attività scelta, bisogna però tenere conto di alcuni parametri: intensità di sforzo, durata e frequenza. Anche qui il carico di lavoro, per produrre benefici, deve avere un carattere di progressione.

Per ciò che riguarda l'intensità, la si può misurare rilevando la frequenza cardiaca durante l'esercizio (l'uso di un cardiofrequenzimetro è vivamente consigliabile, altrimenti si possono contare le pulsazioni per 15 secondi e moltiplicare per 4: si ha il numero di battiti al minuto). La formula standard universalmente usata (220 meno l'età) per calcolare il massimo teorico può essere adottata anche se è un'approssimazione perché va benissimo per gli scopi prefissi. Ottenuto il valore massimale, si possono tranquillamente calcolare le percentuali utili a impostare un corretto allenamento. Si inizia da un valore molto basso (intorno al 60%, che rappresenta la cosiddetta «soglia aerobica», ossia il valore al di sotto del quale non si avrebbe uno stimolo sufficiente a indurre adattamenti e modificazioni) e con gradualità si arriva a lavorare vicino all'85% del massimo in modo da non superare l'altra soglia, quella «anaerobica» (valore critico d'intensità oltre il quale l'organismo, non potendo più far fronte con l'apporto di ossigeno alle aumentate richieste energetiche, mette in moto il metabolismo anaerobico con notevole produzione e accumulo di acido lattico). Per svolgere un buon lavoro a carattere esclusivamente aerobico non è necessario superare il suddetto valore.

Per quanto riguarda la durata, il tempo sufficiente per mantenere in buona efficienza l'apparato cardiovascolare si può fissare in 30 minuti per 2 o 3 volte alla settimana.

Chiaramente 30 minuti di corsa a piedi su un percorso pianeggiante non hanno lo stesso valore dello stesso periodo trascorso in bicicletta. In quest'ultimo caso per ottenere lo stesso dispendio energetico si dovrà aumentare la durata dell'esercizio.

Anche la scelta del percorso influisce notevolmente sul consumo calorico: pedalare in salita è tutt'altra cosa che farlo in pianura con il vento a favore. Quindi, più che affidarsi alla velocità di percorrenza si deve tenere conto della frequenza cardiaca raggiunta e mantenuta durante la prova: per calcolare il consumo di un'automobile non è sufficiente osservare il tachimetro, ci si deve affidare anche al contagiri del motore. Qualunque sia il mezzo scelto per esercitarsi, per determinare i consumi calorici si deve verificare che il battito cardiaco raggiunga una certa percentuale del massimale e venga mantenuto per un certo tempo.

L'esercizio fisico nella Zona, quindi, aiuta a dimagrire, ma migliora anche i livelli d'insulina con tutti i benefici effetti sulla salute che ne conseguono, per sportivi e non, e favorisce la secrezione degli eicosanoidi buoni che sono responsabili dello spostamento di quell'equilibrio tanto importante per il miglior funzionamento dell'organismo verso la Zona.

Per migliorare l'efficacia degli allenamenti, si possono seguire alcuni suggerimenti:

- 30-45 minuti prima dell'attività fisica fare uno spuntino nella Zona per preparare un ambiente ormonalmente favorevole. Ingerendo proteine si stimola il glucagone, che è l'ormone maggiormente coinvolto durante l'allenamento perché è quello che sostiene la glicemia durante l'esercizio fisico; con i carboidrati a lento assorbimento si fa fronte alla subitanea richiesta energetica e con i grassi si controlla ulteriormente la risposta insulinica.

- Dopo l'attività consumare un altro spuntino pro Zona per modulare il crescente livello di insulina che è stato depresso durante l'impegno fisico. Inoltre, se l'esercizio effettuato comprendeva anche quello anaerobico, è ulteriormente necessario controllarne la secrezione per non ostacolare il rilascio di GH, che avviene 15-30 minuti dopo l'esercizio.
- Se possibile, consumare il pasto pro Zona dopo 2 ore dalla fine dell'allenamento perché è il momento migliore per ripristinare le condizioni ottimali nelle cellule muscolari.

L'importanza degli Omega 3

I grassi introdotti con la dieta si idrolizzano, scindendosi in glicerolo e acidi grassi che seguono il loro percorso metabolico, il quale porta l'uno a entrare nelle trasformazioni tipiche dei glucidi e gli altri alla beta-ossidazione nei mitocondri cellulari.

Per capire la Zona si devono conoscere gli acidi grassi, che sono importantissimi per il buon funzionamento cellulare e lo svolgimento delle normali funzioni dell'organismo.

Ma particolare interesse nella Zona rivestono gli acidi grassi essenziali (EFA), che devono il loro nome al fatto che il nostro corpo non è in grado di sintetizzarli e quindi devono essere introdotti con l'alimentazione.

Per la loro importanza vennero chiamati in passato con il sinonimo di vitamina F.

La carenza di questi acidi grassi polinsaturi porta a disturbi di vario genere e la loro somministrazione si è rivelata utile a persone che soffrono di allergie, secchezza cutanea, eczema, infiammazioni, problemi cardiaci, sclerosi multipla, psoriasi, infezioni virali, affaticamento eccetera.

Svolgono un importante ruolo strutturale e funzionale nelle membrane cellulari e subcellulari, per quanto riguarda la modulazione dello stato di fluidità delle strutture che li contengono, e consentono il corretto sviluppo e funzionamento del cervello e del sistema nervoso; ma sono anche i precursori di quella famiglia di composti ad alta attività biologica in tessuti e organi che sono gli eicosanoidi.

Gli EFA si dividono in due gruppi, a seconda della loro struttura chimica: Omega 6 e Omega 3.

Tutti possono convertirsi in eicosanoidi, ma gli Omega 3 producono ormoni dagli effetti molto deboli. Gli Omega 6 sono invece i precursori di tutti gli eicosanoidi, sia buoni sia cattivi; gli Omega 3 sono importantissimi perché dirottano la produzione verso quelli buoni.

Gli acidi grassi Omega 6 comprendono l'acido linoleico (AL), il gamma-linolenico (GLA), il diomo-gamma-linolenico (DGLA) e l'arachidonico (AA) (vedi figura 3.1).

Gli acidi gamma-linolenico, diomo-gamma-linolenico e arachidonico, oltre che introdotti con la dieta, possono derivare dal metabolismo dell'acido linoleico, loro precursore, a opera di enzimi che desaturano e allungano la sua catena carboniosa.

Gli Omega 6 si trovano in molti cibi, e non è difficile reperirli comunemente con la dieta odierna. L'acido linoleico si trova, per esempio, in molti oli di cottura, l'arachidonico è l'acido polinsaturo a lunga catena prevalente nei tessuti animali e nel rosso d'uovo. Il GLA invece è rarissimo e si trova in basse quantità o solo in tracce in pochissime fonti: il latte materno, i semi di borragine, l'avena, l'olio di ribes nero e di enagra.

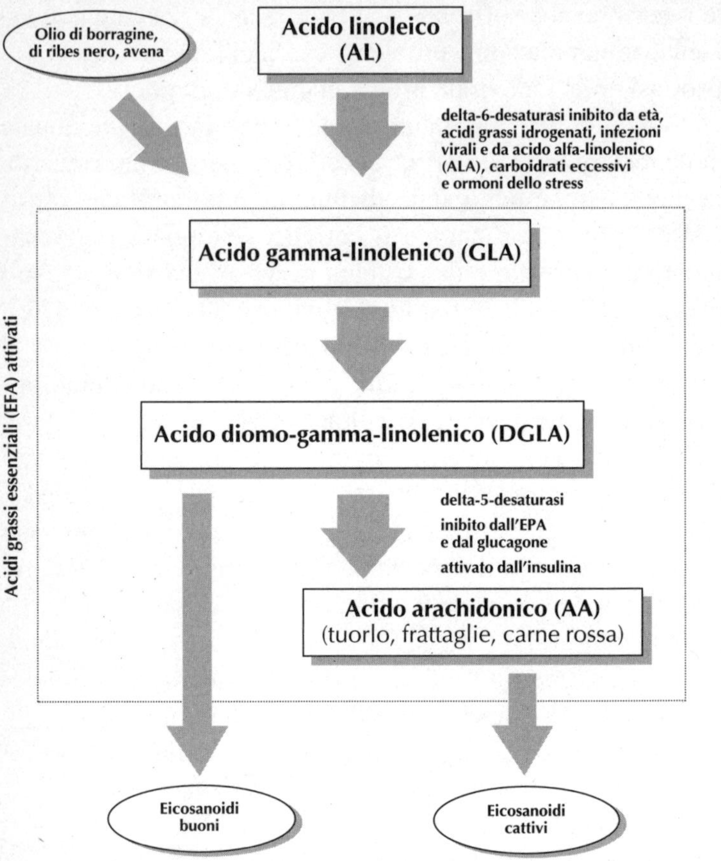

Figura 3.1 - Metabolismo completo degli acidi grassi essenziali Omega 6

Gli acidi grassi Omega 3 comprendono gli acidi alfa-linolenico (ALA), eicosapentaenoico (EPA) e docosaesaenoico (DHA).

L'acido alfa-linolenico si trova nelle foglie verdi delle piante, comprese le alghe e il fitoplancton delle acque fredde, e in alcuni semi come quelli di lino; l'EPA è nel pesce, specialmente nel salmone, negli sgombri, nel tonno, nell'aringa, nelle sarde e in genere in tutti quei pesci di acque fredde che ingeriscono le alghe e il plancton; il DHA è contenuto in alcune alghe. I pesci si rivelano un vero e proprio magazzino di deposito di questi acidi grassi Omega 3.

L'ALA ingerito da certi organismi viventi può essere convertito in EPA e DHA, ma in alcuni mammiferi questo metabolismo avviene attraverso un meccanismo lento e incompleto, reso ulteriormente carente dalla mancanza o scarsità di erba nella dieta della maggioranza dei capi d'allevamento. La carne di selvaggina, invece, è in genere 6 volte più ricca di acidi grassi Omega 3 a lunga catena.

Anche nell'uomo il passaggio da ALA a EPA e DHA è insufficiente, per cui, se non si assumono sufficienti quantitativi di oli di pesce con la dieta, tipo il « buon », vecchio olio di fegato di merluzzo, si viene a creare uno squilibrio di ingestione tra Omega 6, troppo abbondanti, e Omega 3, troppo scarsi.

Purtroppo, rispetto al passato, oggi l'alimentazione non è tale da assicurare il necessario apporto di Omega 3 perché le carni ne contengono ormai quantità non significative e il pesce, tra l'altro facile da reperire nel nostro Paese, non è consumato a livelli tali da coprire il fabbisogno di Omega 3. Il rapporto tra assunzione di Omega 6 e Omega 3 è andato peggiorando nel tempo: studi scientifici hanno dimostrato che l'uomo paleolitico si alimentava mantenendo il rapporto 1 : 1, cioè mangiava pari quantità dei due gruppi di acidi grassi essenziali; all'inizio del Novecento il rapporto era diventato 2 : 1, per poi precipitare fino ai dati odierni che denunciano negli Stati Uniti un rapporto di 20 : 1, a causa dell'aumentato uso di oli (Omega 6) e il calo di consumo di pesce (Omega 3).

Ma perché è tanto importante il rapporto tra questi due gruppi di acidi grassi essenziali?

Negli ultimi anni gli studi della comunità scientifica hanno dimostrato l'importanza e l'incidenza sulla salute del consumo nell'alimentazione umana dei grassi di pesce.

La somministrazione di olio di pesce è in grado di variare l'assetto lipidico e lipoproteico nell'uomo, con riduzione dei livelli di colesterolo totale e LDL, analogamente a quanto si osserva in seguito ad assunzione di Omega 6. Un effetto specifico degli Omega 3 consiste nella riduzione dei trigliceridi e delle VLDL per inibizione della sintesi dell'apolioproteina B. Osservazioni sulle popolazioni eschimesi della Groenlandia, dove il consumo di pesce è elevato (oltre 400 g al giorno) e altri studi epidemiologici hanno confermato che in popolazioni ad alto consumo di pesce la mortalità per coronaropatia è ridotta. È ciò che si rileva in Giappone, dove il consumo medio annuo di pesce pro capite è di 36 kg, cioè triplo rispetto all'Italia, soprattutto nell'isola di Okinawa, dove si registra la minima mortalità coronarica con un consumo di pesce che è il doppio di quello nazionale. Uno studio ventennale, condotto in Olanda, ha dimostrato che c'è una correlazione tra consumo di pesce e mortalità coronarica: è stata registrata più bassa del 50% tra le persone che mangiavano almeno 30 g di pesce al giorno, suggerendo che anche solo il consumo di 2 porzioni settimanali di pesce possa avere un ruolo preventivo sulla malattia aterosclerotica.

Questi dati hanno permesso di concludere che l'EPA, il composto ritenuto attivo nell'olio di pesce, ha un effetto positivo sulla salute, soprattutto per quanto riguarda il distretto cardiovascolare.

A parte l'importanza che queste conclusioni rivestono per la salute umana, il corretto rapporto alimentare di Omega 6 e Omega 3 è fondamentale, secondo il dottor Sears, per la sintesi di eicosanoidi buoni, o, meglio, per attivare le premesse metaboliche che inducono l'organismo a produrre più eicosanoidi buoni che cattivi, spostando l'equilibrio tra gli assi ormonali «antagonisti» verso quelli favorevoli, che sono l'obiettivo della Zona.

Infatti è proprio la presenza di adeguate quantità di particolari acidi grassi essenziali che contribuisce a spostare le competitive reazioni enzimatiche che portano alla sintesi degli eicosanoidi verso la produzione di quelli buoni. Ma la creazione e il mantenimento di questo favorevole asse ormonale costituiscono un meccanismo tanto delicato quanto preciso che richiede corretti quantitativi dei suoi costituenti, cioè di Omega 6 (il substrato) e di Omega 3 (i modulatori).

Il dottor Sears ha anche indicato quali, secondo lui, sono gli acidi grassi essenziali che servono per entrare più rapidamente nella Zona: il GLA (Omega 6) e l'EPA (Omega 3), che sono forme «attivate», cioè reattive, degli acidi grassi essenziali corrispondenti.

Il GLA può derivare dal metabolismo dell'acido linoleico (AL), e l'EPA da quello dell'acido alfa-linolenico (ALA), ma è migliore l'assunzione delle loro forme attivate perché si evitano alcuni problemi legati alla loro sintesi, che vanno dalla difficoltà dell'organismo umano a produrli, all'interferenza che, per esempio, l'ALA può operare sulla loro stessa sintesi.

La produzione di GLA nel corpo umano, infatti, è condizionata da vari fattori: età, dieta, malattie e stress.

Non considerando, ai fini della Zona, il periodo che va dalla nascita fino ai 6 mesi, in cui il neonato non è in grado di produrre un quantitativo sufficiente di GLA che, quindi, è bene assuma con il latte materno, è il periodo di vita dopo i 30 anni a essere particolarmente interessato da un progressivo impigrimento dell'enzima preposto alla produzione di GLA: si traduce in un ridotto quantitativo di produzione di eicosanoidi buoni.

Vari aspetti della dieta hanno un ruolo nella produzione di GLA. Le diete iperglucidiche, per esempio, giocano un ruolo negativo, come anche l'eccesso di ALA e il consumo di grassi idrogenati. L'ALA, come si è detto, è un Omega 3 contenuto nei semi di lino, nell'olio di lino e nelle noci. Se presente in quantità eccessive impedisce la formazione di tutti gli eicosanoidi. Anche i grassi idrogenati agiscono allo stesso livello enzimatico, producendo i medesimi effetti. Perciò, per non ostacolare la produzione di GLA con la dieta, si devono ridurre i quantitativi di carboidrati assunti e di fonti di ALA ed evitare i grassi idrogenati.

Anche le malattie virali, l'adrenalina e il cortisolo (gli ormoni dello stress) deprimono la sintesi di GLA con meccanismi diversi, ma ugualmente efficaci nell'ostacolare la produzione di eicosanoidi.

La strada per la modulazione dell'asse ormonale che riguarda gli eicosanoidi passa attraverso un buon rifornimento di acidi grassi essenziali attivati GLA (Omega 6) ed EPA (Omega 3): ne bastano da 5 a 8 g al giorno, con un rapporto non superiore a 4 : 1 che equivale, per quanto riguarda l'EPA, a 1-1,5 g giornalieri.

Per assumere il quantitativo necessario di olio di pesce, è sufficiente mangiare sarde, aringhe, salmone, cefalo muggine, sgombro, tonno almeno 3 volte alla settimana. Si può operare una scelta tra quelle riportate nella tabella 3.2. Dai dati emerge che i pesci che contengono il più alto quantitativo di EPA e la più bassa quota di AA sono: acciuga, tonno, sardina sott'olio, aringa, salmone, cefalo, sgombro, sarda, coregone. Anguilla e sardine hanno alti quantitativi di EPA e AA, e contengono anche molti grassi saturi, per cui il loro consumo va limitato.

Se non si riesce a consumare pesce, si può ricorrere all'uso di una supplementazione, che una volta era costituita da olio di fegato di merluzzo dal sapore non gradevole, mentre oggi può essere costituita da insapori capsule contenenti olio di pesce, associato a vitamina E naturale, che svolge un ruolo antiossidante. Alcune preparazioni contengono anche un altro prezioso Omega 3, il DHA, acido grasso essenziale necessario per la salute del cervello.

L'olio supplementare deve però essere puro, ottenuto, per

Tabella 3.2 - Contenuto in EPA e AA nei principali prodotti della pesca reperibili sui mercati nazionali (g/100 g di parte edibile)

Prodotti della pesca	EPA	AA
acciuga o alice	0,27	tr.
anguilla	1,83	0,83
aragosta	0,25	0
aringa	1,9	0,10
boga	0,07	tr.
calamaro	0,31	0
cefalo muggine	0,76	0,39
coregone	0,50	0,05
cozza o mitilo	0,27	0,11
gamberi	0,16	0
malù o pesce mollo	0,03	0
merluzzo o nasello	0,03	0,01
mormora	0,11	0,17
occhiata	0,20	0,09
orata, filetti	0,29	0,19
orata d'allevamento	0,46	0,07
pagello	0,07	0,05
polpo	0,18	0
salmone affumicato	0,33	0,02
salmone fresco	0,89	0,05
sarago	0,05	0,04
sarda fresca	0,51	0,04
sarde in salamoia	0,19	0,02
sardine fresche	1,73	1,05
sardine sott'olio sgocciolate	0,71	0
sgombro o maccarello	0,73	0,16
sogliola	0,22	0,18
spigola	0,09	0,04
spigola d'allevamento, filetti	0,48	0,37
storione	0,39	0,05
suro o sugarello	0,13	0,05
tonno fresco	0,80	tr.
tonno sott'olio	0	0
tonno, ventresca, in salamoia, sgocciolato	0,32	0,06
trota fresca	0,15	0,05
trota iridea, d'allevamento, filetti	0,14	0,02

esempio, con distillazione molecolare, indicata in etichetta, che garantisce un prodotto non inquinato da metalli o tossine. Se non è riportata la scritta « a distillazione molecolare », si può presupporre l'attuazione di tale procedimento se viene dichiarata la totale assenza di colesterolo.

Discorso diverso, invece, quello relativo al GLA, che entra nella costituzione del rapporto Omega 6/Omega 3.

Questo acido grasso, come detto, si trova in pochissimi cibi, dove ne sono presenti per lo più tracce: avena, semi di borragine, olio di ribes nero e di enagra, oltre che nel latte materno.

Ciò può costituire un problema per la Zona e i suoi obiettivi, ma gli studi del dottor Sears sono arrivati a capire come anche l'alimentazione, oltre a tutti i parametri precedentemente citati, possa interferire sulla produzione del GLA e mettere l'organismo in condizione di produrre tutto il GLA che gli serve per la sintesi di eicosanoidi buoni. La Zona risponde proprio a questi requisiti: rispettando il corretto rapporto tra proteine e carboidrati, non si compromette la naturale produzione dell'EFA attivato.

Il fabbisogno giornaliero di GLA è di 1-2 mg, per cui è sufficiente, oltre all'alimentazione pro Zona, mangiare da 3 a 5 volte alla settimana l'avena, sotto forma di chicchi o fiocchi.

Con la corretta assunzione di Omega 6 e Omega 3 si contribuisce ad agire favorevolmente sugli enzimi che intervengono nella produzione degli eicosanoidi, modulando, attraverso il cibo, la loro sintesi verso quelli buoni. In questo modo si possono in parte correggere quegli errori alimentari che, tramite lo stile di vita, il progresso, il mercato e le abitudini o le informazioni sbagliate, hanno causato a intere popolazioni problemi, patologie, obesità semplicemente perché hanno incentivato una dieta che induce la sovraproduzione di eicosanoidi cattivi.

E, come sappiamo, la salute e la malattia sono l'espressione del giusto equilibrio, o dello squilibrio, degli eicosanoidi.

Il quarto elemento della Zona, l'adozione della dieta 40/30/30, riveste una tale importanza da interessare un intero capitolo.

4

Le basi del metodo 40/30/30

ARRIVIAMO, dunque, al cuore della Zona, alla formula 40/30/30 che ne è diventata quasi un sinonimo. 40/30/30 indica le percentuali caloriche di composizione di ogni pasto o spuntino: ogni volta che si mangia si devono assumere in calorie il 40% di carboidrati, il 30% di proteine, il 30% di grassi.

È questa la precisa proporzione indicata dal dottor Sears per riuscire a controllare l'insulina e per mantenerla in una zona terapeutica che consente, tra l'altro, di utilizzare i grassi corporei come energia, e che, come abbiamo già detto molte volte, interviene nella modulazione ormonale degli eicosanoidi.

Ribadiamolo ancora una volta: usando il cibo in modo opportuno si contribuisce a posizionare l'organismo in una Zona controllata ormonalmente per 24 ore al giorno.

La formula può essere fonte di preoccupazione: ma come si fa a calcolare ogni volta che si mangia la composizione del pasto? Bisogna essere uno scienziato, avere conoscenze specifiche e fare calcoli complicati?

No, nient'affatto: è molto semplice ed esistono metodi e tabelle di cibi che ci permettono di applicare queste percentuali senza fatica.

Impariamo insieme a riconoscere il cibo, distinguendo tra carboidrati, proteine e grassi, e a orientarci sulle migliori scelte nutrizionali.

I carboidrati

I carboidrati sono tutti costituiti da molecole di zuccheri semplici che vengono utilizzati dal corpo come fonte di energia. Possono essere bruciati subito o immagazzinati come glicogeno, principalmente nel fegato e nei muscoli ma, se ingeriti in eccesso, possono diventare tessuto adiposo.

Ve ne sono di tre tipi, che si trovano nei cibi e che si distinguono in base alla loro lunghezza:

- polisaccaridi, i più lunghi, come per esempio l'amido delle farine e delle patate;
- zuccheri composti, come per esempio i disaccaridi come lo zucchero comune formato da due molecole, una di glucosio e una di fruttosio;
- zuccheri semplici o monosaccaridi, costituiti da molecole semplici come per esempio il glucosio (lo zucchero dell'uva) e il fruttosio (lo zucchero di molti frutti). Unendosi tra loro formano i disaccaridi e i polisaccaridi.

Nella digestione vengono scissi i legami tra le molecole e, qualsiasi sia la fonte dei glucidi, tutto viene ridotto a molecole di glucosio, che viene assorbito per passare nel circolo sanguigno. Per cui, da questo punto di vista, si spiega perché mangiare un piatto di pasta equivale ad assumere una tazza di zucchero.

Cambia però un altro parametro: l'indice glicemico (IG), di cui si parlerà diffusamente più avanti.

La velocità con cui i carboidrati arrivano nel sangue dopo che sono stati assorbiti è classificata secondo l'indice glicemico: più alto è questo indice, più velocemente quei dati glucidi passano nel sangue. Ciò influisce sui livelli di zucchero ematico, cioè sulla glicemia.

Poiché la risposta insulinica dipende dalla quantità di glucosio nel sangue, si capisce come l'indice glicemico sia importante nella Zona, che come sappiamo si prefigge di modulare la risposta insulinica.

Ma ancora più importante e prioritaria nella Zona è la considerazione di un altro parametro che completa e rinforza il concetto dell'IG: il carico glicemico, che tiene conto, oltre che dell'indice glicemico di ogni cibo, anche della densità dei carboidrati presenti in un certo volume, cioè dell'impatto glicemico totale. Quindi, se si mangia un alimento a basso indice glicemico, per avere lo stesso carico glicemico se ne potrà mangiare di più rispetto a un cibo che ha l'indice glicemico più alto.

Tanto più è alto il carico glicemico, tanto più brusca e imponente è la risposta insulinica, che induce a immagazzinare in scorte energetiche adipose i macronutrienti, soprattutto i carboidrati in eccesso e conduce di conseguenza a una situazione ipoglicemica che provoca fame e irrequietezza. Se per fronteggiare questa sensazione si mangiano molti altri carboidrati sbagliati, si genera una nuova imponente secrezione insulinica che fa entrare in un circolo vizioso o, come l'ha chiamato qualcuno in modo colorito, nell'inferno dei carboidrati: più se ne mangiano, più se ne mangerebbero.

La Zona predilige i glucidi a basso carico glicemico, che inducono una risposta insulinica più graduale e moderata, atta a mantenere il livello ematico del glucosio il più possibile costante, in modo che l'organismo e il cervello possano avere un rifornimento continuo e funzionare in modo ottimale, senza soffrire per ipoglicemia e senza sentire la necessità di nuovi alimenti.

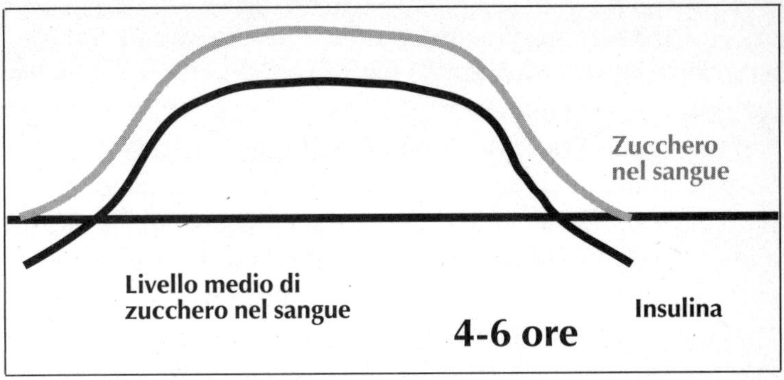

Figura 4.1 - Aumento dello zucchero nel sangue e secrezione di insulina con carboidrati favorevoli

È per questo che la Zona distingue i carboidrati in:

- favorevoli, che entrano nel circolo sanguigno lentamente e che hanno un basso carico glicemico, cioè che stimolano poco la produzione d'insulina;
- sfavorevoli, che entrano velocemente nel sangue e hanno un alto carico glicemico.

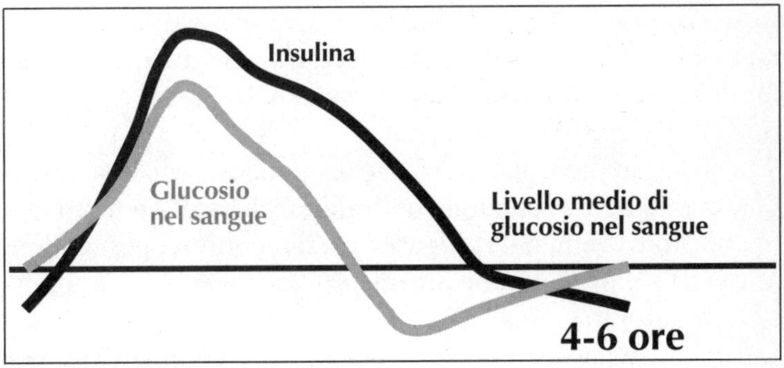

Figura 4.2 - Aumento dello zucchero nel sangue e secrezione di insulina con carboidrati sfavorevoli

Sono carboidrati favorevoli tutte le verdure tranne le carote, mentre la frutta, eccetto le banane e l'uva passa, ha un carico glicemico medio.

Sono carboidrati sfavorevoli ad altissimo carico glicemico gli amidi e i cereali, patate comprese; quindi pane, pasta, riso eccetera. Fanno eccezione l'orzo e l'avena, ma anche un particolare frumento il formelle integrale «all'origine» (vedi sotto), perché sono ricchissimi di fibre che rallentano l'assorbimento dei carboidrati e quindi agiscono favorevolmente sull'indice glicemico.

Secondo alcuni ricercatori non è da sottovalutare l'importanza degli alimenti integrali, non solo perché abbassano l'indice glicemico, ma anche per il loro contenuto in policosanoli e fitosteroli, sostanze naturali dai benefici effetti sulla salute.

Entrambe queste sostanze sono presenti nelle graminacee, in particolare nei cereali e nella canna da zucchero, e hanno un potente effetto antiossidante.

Inoltre i policosanoli, con il loro componente principale, l'octacosanolo, stimolano la crescita neuronale e i fitosteroli, che appartengono alla famiglia del colesterolo ma sono di origine vegetale, riducono l'assorbimento del colesterolo stesso e quindi la sua concentrazione ematica per l'azione competitiva che esercitano sui recettori intestinali, oltre a diminuire i livelli di acido arachidonico nel sangue, che fa aumentare gli eicosanoidi cattivi.

Alcuni studiosi attribuiscono ai policosanoli il «salto» qualitativo nell'evoluzione dell'uomo, che solo in tempi recenti ha provveduto a raffinare i cereali coltivati per rendere più gestibili prodotti che altrimenti incorrerebbero in un rapido deterioramento.

Le farine integrali presenti nei prodotti commerciali, per mantenere il loro prezioso contributo in policosanoli e fitosteroli, dovrebbero provenire da cereali macinati nella loro forma integrale, e non, come purtroppo spesso succede, da farine raffinate a cui si aggiunge crusca per renderle integrali. Il risultato è molto diverso per quanto riguarda l'apporto di sostanze naturali preziose per l'organismo.

Tra i cereali integrali sono quindi da prediligere quelli integrali all'origine rispetto a quelli integrali sì, ma ricostruiti.

La legislazione italiana non prevede che sulle confezioni ci sia l'indicazione di questa importante caratteristica, riscontrabile in alcune formelle di frumento veramente integrale, ma il consumatore scrupoloso e attento può provvedere personalmente al reperimento di farine integrali presso le macine presenti sul territorio nazionale, non numerose ma attive.

Nella costituzione del pasto nella Zona si consiglia di utilizzare parecchia verdura, un po' di frutta e pochi cereali o amidi, garantendo in questo modo anche un buon rifornimento di vitamine e sali minerali.

La fibra

Nella Zona la fibra merita particolare importanza perché, pur facendo parte dei carboidrati, è ritenuta preziosa per le sue caratteristiche che, in definitiva, si ripercuotono positivamente sulla risposta insulinica.

La fibra è costituita da residui di cellule vegetali come la cellulosa, la pectina, la lignina, le gomme eccetera, che fanno parte della categoria dei carboidrati indisponibili perché, introdotti nell'organismo con l'alimentazione, sono resistenti all'azione degli enzimi dell'intestino tenue e raggiungono il colon intatti per essere variamente idrolizzati dalla flora batterica.

Una caratteristica essenziale delle fibre è la loro solubilità in acqua, per cui si distinguono in solubili e insolubili.

Anche se non ci sono alimenti che contengono solo l'uno

o l'altro tipo di fibra, la fibra insolubile è sempre predominante sull'altra.

Le fibre solubili come la pectina, le gomme, le mucillagini e alcune emicellulose sono contenute in prevalenza nella frutta, nelle verdure e nei legumi. La crusca d'avena, di segale e d'orzo è ricca di emicellulosa; i legumi e l'avena contengono soprattutto gomme; le mele e gli agrumi sono ricchi di pectina. Queste fibre, assorbendo un grande quantitativo d'acqua nell'intestino, formano un vero e proprio gel che ha un potere di controllo sull'assorbimento intestinale del glucosio, con i benefici effetti che ne conseguono sulla secrezione insulinica. La fibra solubile rallenta anche l'assorbimento intestinale del colesterolo, garantendo in modo naturale il controllo del suo livello nel sangue, anche per l'azione di sequestro che produce sui sali biliari secreti nell'intestino con la bile.

Gomme, mucillagini e pectine possono far aumentare il volume del cibo in sede intragastrica, favorendo un piacevole senso di sazietà e rallentando il tempo di transito enterico.

Le fibre insolubili come la cellulosa, la lignina e alcune emicellulose sono contenute in tutti gli alimenti vegetali, e particolarmente nei cereali integrali e nei legumi.

Anche se nella Zona queste fibre rivestono meno importanza perché non hanno influenza sulla glicemia, sono comunque ritenute necessarie per le funzioni che espletano nell'intestino.

Oltre a quella prevalentemente meccanica che riduce il tempo di transito del cibo nel tubo intestinale, svolgono infatti anche quella di aumentare il peso e il volume fecale riducendone la consistenza, con un risultato particolarmente utile nella stipsi, nella patologia emorroidaria e nella diverticolosi.

La lignina ha anche un prezioso effetto contro i radicali liberi dell'ossigeno presenti nel tubo intestinale, garantendo un'azione preventiva nei confronti dei processi degenerativi e neoplastici intestinali.

Nella Zona, quindi, sono sconsigliati i succhi filtrati o, peg-

Tabella 4.1 - Contenuto di fibra solubile in alcuni alimenti

Cereali e derivati	**g/100 g di parte edibile**
formelle di frumento integrale all'origine	10,50
orzo perlato	4,41
farina di segale	3,58
fiocchi d'avena	3,30
farina integrale	1,92
cracker senza grassi	1,48
biscotti secchi	1,32
farina tipo 0	1,07
farro	1
biscotti integrali	0,94
farina tipo 00	0,84
pasta di semola bollita	0,51
pasta di semola integrale	0,44
Legumi	
piselli in scatola scolati	4,60
fave saltate in padella	1,08
cannellini bolliti	1,05
fagioli bolliti	1,05
cannellini in scatola, scolati	0,91
borlotti in scatola, scolati	0,90
fagiolini freschi bolliti	0,86
piselli freschi in padella	0,64
Verdure e ortaggi	
carciofi bolliti	4,68
melanzane	1,19
cicoria di campo bollita	1,12
broccolo a testa bollito	0,84
cavolini di Bruxelles	0,74
cavolfiore bollito	0,71
patate cotte al microonde	0,71
patate novelle bollite	0,38
Frutta	
mele cotogne	1,41
pere senza buccia	1,29
pesche senza buccia	0,87
peschenoci senza buccia	0,85
kiwi	0,78
mele con buccia	0,73
albicocche	0,71
mandarini	0,67

gio ancora, centrifugati, perché privano i frutti o la verdura delle fibre; infatti, anche se vengono mantenuti i loro valori nutrizionali in micronutrienti (vitamine e sali minerali), tali prodotti perdono una componente troppo preziosa per la salute.

L'alta presenza di fibre nell'avena e nell'orzo, oltre che nei cereali integrali all'origine, ne fanno i cereali preferiti nella Zona, dove ne è addirittura consigliato l'uso per la presenza, nell'avena, del preziosissimo GLA, l'acido grasso essenziale attivato che serve alla produzione di eicosanoidi.

Indice glicemico

Vale la pena soffermarsi ancora un poco sull'indice glicemico (IG), data la sua enorme importanza.

Quando si mangia un alimento ricco di carboidrati, il livello di glucosio nel sangue aumenta progressivamente a mano a mano che si digeriscono e assimilano gli amidi e gli zuccheri in esso contenuti.

La velocità con cui il cibo viene digerito e assimilato cambia a seconda dell'alimento, perché dipende dal tipo di carboidrati e dalla presenza o meno di fibra e grassi.

Questo fenomeno, come abbiamo già accennato, è stato misurato con l'indice glicemico, che classifica i cibi secondo la loro influenza sulla risposta glicemica, cioè sul livello di zuccheri nel sangue, e riguarda soprattutto gli alimenti ad alto contenuto di carboidrati: più alto è l'indice, più velocemente quello zucchero induce un innalzamento della glicemia.

Prima del 1981, anno in cui sono iniziati gli studi sull'IG, gli scienziati ritenevano che il nostro corpo digerisse e assorbisse i carboidrati in base alla loro complessità: prima gli zuccheri semplici e poi i più complessi, come gli amidi. Per cui i monosaccaridi e i disaccaridi innalzavano rapidamente la glicemia, i polisaccaridi più lentamente.

Oggi si sa che alcuni zuccheri semplici non innalzano la glicemia più velocemente di quanto facciano alcuni carboidrati complessi. Per esempio, le patate al forno (amidi, quindi complessi) hanno un indice glicemico notevolmente più alto del comune zucchero da cucina.

L'indice glicemico dei cibi, quindi, influenza la risposta insulinica che, come si è detto precedentemente, dipende anche dalla «densità» dei carboidrati e in definitiva dal carico glicemico, cioè da quell'indice che gli americani chiamano *Glycemic Load*.

L'aumento rapido del livello ematico d'insulina può dar luogo a importanti conseguenze per il diabete, l'obesità e la modulazione degli eicosanoidi, che rientrano tra quegli obiettivi che la Zona si propone di controllare.

È il rapido innalzamento della glicemia che provoca la massiccia secrezione d'insulina o l'aumento del dosaggio esterno che i diabetici di tipo 1 devono effettuare. Poiché le cellule cui è destinato il glucosio non sono in grado di assorbire tutto lo zucchero che l'insulina si trova a dover gestire, si attiva il metabolismo dei grassi, che comincia a trasformarlo in tessuto adiposo. Infatti l'insulina si può definire l'ormone dell'immagazzinamento e svolge il ruolo che il nostro codice genetico prevede per permettere la sopravvivenza nei periodi di scarsità di cibo. Nella società odierna, in cui non mancano le fonti alimentari, il compito dell'insulina deve essere controllato e modulato perché non diventi un problema per la nostra salute, in modo diretto e indiretto per la produzione degli eicosanoidi.

L'IG rappresenta percentuali calcolate in base a un cibo di riferimento. In Italia si usa generalmente il pane bianco che è uguale a 100, ma si trovano tabelle in cui l'alimento di riferimento è il glucosio. È per questo motivo che si possono trovare discordanze tra le varie liste degli indici glicemici. Per convertire le due scale, si moltiplica l'IG della scala riferita al pane bianco per 0,73, e si ottiene la scala in cui il glucosio è uguale a 100.

Nella valutazione dell'indice glicemico non si devono

trascurare alcune importanti osservazioni. Infatti la determinazione dell'IG è utile come indicazione della fonte glucidica da scegliere per comporre il proprio pasto. Ma altri fattori, come la presenza di fibra e di grassi, la « densità », i trattamenti che un alimento subisce o la cottura, concorrono all'assorbimento più o meno rapido dei carboidrati e alla risposta insulinica.

Oltre ai primi fattori di cui abbiamo già parlato, anche la raffinazione dei grani di frumento, mais e avena, e in genere dei chicchi, incide sull'IG: minore è la lavorazione, minore è l'IG. Ma, più in generale, si può affermare che tanto più un alimento è lavorato, maggiore è l'indice glicemico, come si riscontra nei cibi precotti o a cottura istantanea.

Anche la cottura ha la sua influenza: una pasta « al dente » ha un indice glicemico più basso di una ben cotta.

Esistono poi alimenti per i quali la determinazione del carico glicemico ha valore puramente formale, in quanto il loro contenuto in carboidrati è talmente basso da poter essere considerati « cibi liberi », come la maggior parte delle insalate, i finocchi, i funghi eccetera.

Alcuni alimenti come la pasta, il riso, la pizza, le patate hanno comportamenti glicemici particolari.

La pasta di semola di grano duro, quella che troviamo comunemente nelle confezioni, ha un indice glicemico inferiore a quello della pasta fatta con farina di grano tenero, cioè la comune farina bianca. Per cui, dal punto di vista glicemico, è meglio la pasta fatta industrialmente, che per legge deve utilizzare il grano duro, di quella fatta in casa con la farina bianca.

Per lo stesso motivo è meglio consumare pasta che pane bianco, fatto con farina bianca 0 o 00, che è adatta per la produzione di prodotti sottoposti a lievitazione e che ha un IG altissimo.

Hanno un indice glicemico più basso gli spaghetti arricchiti di proteine rispetto a quelli normali.

Per quanto riguarda il riso, sono stati trovati indici che variano da 54 a 132. Questa variabilità dipende dalla loro composizione in amilosio e amilopectina. Poiché l'amilosio è digerito molto più lentamente dell'amilopectina, sembra che più alta è la sua percentuale, più basso sia l'indice glicemico del riso.

Tra i risi prodotti in Italia, la varietà che contiene più amilosio è il Carnaroli (24,1%), seguono il Vialone nano (23,9%) che è particolarmente apprezzato nel Mantovano e nel Veronese, il Baldo (20,5%), l'Arborio (19,6%), il Roma e il Sant'Andrea (18,2%).

Pertanto la varietà più consigliata sotto l'aspetto glicemico è il Carnaroli, che tra l'altro ha anche ottime caratteristiche gastronomiche di consistenza e di gusto.

Tra i risi esteri il Basmati, un riso a grani lunghi, e il Doongara, una varietà australiana, hanno un contenuto in amilosio superiore ai risi nazionali e un IG intermedio tra quelli esaminati.

Anche il riso ha un indice glicemico tanto minore quanto meno è raffinato.

In molte persone sembra che la pizza possa mantenere la glicemia alta più a lungo che un altro cibo.

Alcuni studi hanno confrontato l'effetto su diabetici che consumavano un pasto a base di pizza e altri che mangiavano un cibo ad alto indice glicemico. Hanno riscontrato che, sebbene inizialmente la glicemia subisse in entrambi i gruppi un'impennata, l'IG ha continuato a salire ed è aumentato significativamente nelle successive 4-9 ore dopo la pizza, diversamente che per il pasto di controllo.

Ciò suggerisce cautela nel consumo di questo piatto, che può essere gustato con le precauzioni che indicheremo più avanti.

Anche per le patate ci sono indici glicemici variabili da 67 a 158: sembra che ciò sia dovuto al differente quantitativo in amido. Per esempio la varietà con pelle rosa Pontiac, che ha IG pari a 80, contiene poco amido; alcune patate novelle e patate bianche danno risultati ancora più bassi.

Nelle patate esistono notevoli differenze in fatto di IG in base alla cottura: l'hanno più basso le patate bianche bollite e le patate novelle che quelle cotte al microonde e al forno.

La Zona consiglia poi di consumare come dolcificante il fruttosio anziché lo zucchero di barbabietola o di canna. Esistono in commercio anche comode bustine che possono essere usate all'occorrenza fuori casa. Nell'acquisto bisogna però controllare la purezza del prodotto, che deve essere il più possibile composto da solo fruttosio.

Gli yogurt, i dolci e le marmellate, da consumare moderatamente, è meglio che contengano fruttosio (attenzione: lo zucchero dell'uva usato in alcune preparazioni non è fruttosio, ma glucosio). Si consiglia di usare il fruttosio anche per le preparazioni casalinghe di dolci e conserve.

Riassumendo

Pasta, riso, farinacei e amidacei vanno consumati con moderazione e con alcuni accorgimenti:

1. meglio quelli integrali e comunque poco raffinati
2. meglio i prodotti preparati con farina di grano duro anziché quelli con farina bianca 0 o 00 che si usa per lo più per la preparazione di alcune paste casalinghe e per prodotti che necessitano di lievitazione
3. meglio la cottura «al dente» che quella normale e «scotta»
4. meglio le paste dietetiche o per bambini, addizionate con proteine, che quelle normali
5. meglio la varietà Carnaroli tra i risi nazionali
6. meglio le patate bollite bianche o novelle che quelle cotte al forno o al microonde
7. meglio il fruttosio che lo zucchero di barbabietola o di canna o il miele o i dolcificanti.

Tabella 4.2 - Indice glicemico di alcuni alimenti

fagioli di soia in scatola	20
fagioli di soia	25
ciliegie	32
fruttosio	32
orzo perlato	32
pompelmo	36
spaghetti arricchiti di proteine	38
fagioli secchi comuni	40
lenticchie comuni	41
latte di soia	43
albicocca	44
spaghetti cotti per 5 minuti	45
latte scremato	46
vermicelli	50
pere	52
spaghetti	52
mela	54
ravioli	56
piselli secchi	56
pesca fresca	60
arancia	63
maccheroni	64
linguine	65
pan di Spagna	66
uva	66
piselli verdi	68
cioccolato	70
tortellini al formaggio	71
succo d'arancia	74
banana	77
spaghetti a cottura prolungata	78
biscotti da tè	79
succo di frutta mista	79
patate comuni bianche bollite	80
riso integrale	81
patate novelle	81
riso bianco	83
gelato	87
patate confezionate	87
biscotti di pasta frolla	91
uva passa	91

(segue)

pane di segale	92
zucchero	92
gnocchi	95
purè di patate	100
pane bianco di frumento	101
miele	104
patate bollite schiacciate	104
patate fritte	107
zucca	107
wafer alla vaniglia	110
patate al forno	121
patatine fritte croccanti	124
glucosio	137

Le proteine

Le proteine sono macronutrienti costituiti da amminoacidi, alcuni dei quali sono detti essenziali perché non possono essere prodotti dall'organismo, che quindi deve assumerli con la dieta.

Il loro ruolo principale nel corpo non è la produzione di energia come per i carboidrati, ma la costruzione, riparazione e manutenzione dei cosiddetti «mattoni costitutivi» dell'organismo.

Infatti gli amminoacidi sono la base della vita e le proteine costituiscono la metà del nostro peso corporeo privo di acqua, trovandosi in un gran numero di organi e apparati come muscoli, ossa, pelle, cuore, fegato, ma anche nel sistema immunitario e nel sangue. Sono presenti nella struttura di ogni cellula e negli organuli che la fanno funzionare. La loro importanza è vitale.

L'organismo deve continuamente approvvigionarsi di sostanze proteiche, specie di quegli amminoacidi essenziali senza i quali è compromessa la funzionalità dell'organismo medesimo, che è in continuo rinnovamento. Il problema sorge nel quantificare il giusto apporto proteico giornaliero. È bene affrontare questo argomento con cura per non ingenerare equivoci.

Se si assumono poche proteine, si provoca una serie di effetti che vanno dall'indebolimento del sistema immunitario e dalla perdita di massa muscolare alla caduta dei capelli, e in definitiva a una eccessiva produzione di eicosanoidi cattivi.

Ma, al contrario, se se ne assumono troppe si scatenano altri gravi problemi, ben conosciuti da chi segue le diete iperproteiche dette anche chetogeniche. Chi ingerisce troppe proteine, in genere, trascura l'approvvigionamento dei carboidrati perché in tal modo aumenterebbe troppo la quota calorica giornaliera e perché «fanno ingrassare». Ma così facendo non assicura al corpo la quantità di energia necessaria al suo funzionamento: le scorte nel fegato e nei muscoli sono limitate a una quindicina di ore. Di conseguenza l'organismo intacca le scorte di grasso, bruciandole in modo anomalo, non avendo una necessaria quantità glucidica a disposizione per bruciarli completamente.

I fumi di questa incompleta combustione sono i corpi chetonici, che si trovano nelle abbondanti urine di chi consuma troppe proteine e che portano a un pericoloso stato di chetosi. Inoltre l'eccesso proteico innesca la reazione insulinica che tende a immagazzinare anche gli amminoacidi di troppo sotto forma di grasso in adipociti resi più capienti ed efficienti proprio dalla dieta chetogenica. Quindi si consuma grasso, ma lo si immagazzina in modo che può essere maggiormente stivato una volta che si smette la dieta.

Ma non basta. Poiché i carboidrati sono insufficienti, il corpo tenta disperatamente di trovare il modo per approvvigionare il cervello sia bruciando i grassi, che però creano i corpi chetonici, sia intaccando la massa muscolare per ricavarne glucosio, necessario al funzionamento degli organi vitali.

Il tutto si traduce in una perdita di peso, dovuta all'acqua espulsa con le urine per liberarsi dei corpi chetonici, poi in perdita di muscoli, e solo in parte alla perdita di grasso che però non supera certi limiti, assestandosi a una soglia di resistenza per poi tornare più abbondante di prima, allorquando si smette la dieta.

Il prezzo che si paga con le diete iperproteiche seguite allo scopo di dimagrire è decisamente troppo alto, in termini sia di salute sia di risultati.

Qual è allora la giusta quantità di proteine da assumere con i pasti?

Non esiste un quantitativo standard per tutti: ciascuno ha le proprie necessità che dipendono dalla massa magra e dall'attività. Diverso è difatti il fabbisogno di un uomo di 70 kg con una massa magra di circa 60 kg che non svolge attività fisica e quello di un lanciatore di 100 kg che ha circa 85 kg di massa magra e svolge intensi allenamenti.

È importante questo discorso perché, con le abitudini alimentari seguite negli ultimi decenni in cui la quota calorica viene sbilanciata in eccesso verso i carboidrati, a causa oltretutto della penalizzazione delle proteine come fonte di grassi saturi nocivi, si è arrivati a sottostimare la quantità di proteine necessaria, uniformandola a quote fisse dipendenti solo dal sesso e dall'età.

Ancora una volta si tratta di fornire le informazioni e di effettuare una scelta: come per i carboidrati, anche per le proteine occorre attingere dalle fonti migliori, non limitarne l'uso in quantità che non soddisfano le necessità fisiologiche. Del resto è anche intuitivo: se le proteine vanno a costituire la massa magra, si deve calcolare il loro fabbisogno giornaliero in base a quella e alle attività che comportano un suo consumo.

Le migliori fonti proteiche per la Zona sono, per esempio: il pesce, le carni bianche (specialmente i petti di pollo e di tacchino), la carne di struzzo (con il gusto delle carni rosse, ma magra come quelle bianche), l'albume delle uova, i formaggi magri, il tofu (formaggio a base di soia).

Fonti proteiche accettabili sono, per esempio, il fagiano, gli altri tagli di carni bianche, le carni magre di maiale e di manzo, i prosciutti magri, lo speck, i formaggi mediamente magri.

Le scelte peggiori annoverano la salsiccia, i cotechini, il lardo, i tagli grassi di carne rossa, i würstel, il salame, il tuorlo d'uovo, i formaggi grassi, le frattaglie eccetera.

Questa classificazione dipende soprattutto dal contenuto in grassi saturi e in acido arachidonico (tuorlo, frattaglie e tagli grassi di carne rossa), che porta alla formazione di eicosanoidi cattivi.

Anche le proteine vegetali sono buone fonti, ma le loro digeribilità e assimilazione sono ridotte dalle fibre in cui sono avvolte. Infatti, ai fini metabolici, non ha importanza solo la quantità di proteine che si mangiano, ma la loro assimilazione. Quelle vegetali sono avvolte in un reticolo di fibra che ne limita la digeribilità e quindi l'assorbimento.

I vegetariani che desiderano ricorrere a questa fonte proteica possono ovviare a un tale inconveniente consumando le stesse proteine vegetali, ma in polvere, poiché così la loro digeribilità è massima e sono sicuri di assumere anche tutti gli amminoacidi essenziali.

Altra importante considerazione nella Zona è che le proteine stimolano l'azione del glucagone, l'ormone che ordina al fegato di usare il glicogeno energetico di scorta, e di riflesso mobilizza i grassi di deposito. Ciò consente di mantenere adeguati i livelli di glucosio nel sangue per un periodo più lungo di 2-3 ore, tempo in cui si esaurisce l'azione dei carboidrati, e, come conseguenza diretta, si utilizzano i grassi di scorta depositati come adipe e non si devono fare i conti con la fame dopo 2-3 ore dal pasto.

Ma non sono finiti i benefici: il rilascio di glucagone fa calare i livelli d'insulina, in modo che si crei un equilibrio tra gli opposti effetti di questi due ormoni; tale equilibrio, se modulato in modo opportuno, instaura un asse ormonale ideale per il controllo dei loro livelli, che non devono mai essere né troppo alti, né troppo bassi.

I grassi

I grassi sono il terzo macronutriente alimentare. Della loro grande importanza dietetica abbiamo già parlato, ora dobbiamo imparare a usarli e a scegliere bene.

I grassi rallentano l'immissione in circolo dei carboidrati, proprio come la fibra, e pertanto, anche se non direttamente, influiscono sulla sintesi dell'insulina, oltre a rendere il cibo più saporito e a dare senso di sazietà attraverso la secrezione nello stomaco dell'ormone colecistochinina (CCK).

Secondo il dottor Sears, quindi, i grassi giusti non ingrassano, anzi, portano nella Zona.

Ma quali sono?

A parte quelli contenuti nei cibi già raccomandati per la Zona, cioè quelli che si trovano nei pesci e nell'avena, ci sono i grassi monoinsaturi, che costituiscono la quota di grassi aggiunti privilegiati in questo metodo alimentare e che quindi sono i grassi favorevoli.

Si trovano nell'olio d'oliva, meglio se extravergine, nelle olive, nelle mandorle, nell'avocado, nella frutta secca in genere.

I grassi sfavorevoli sono innanzitutto l'acido arachidonico contenuto nel tuorlo d'uovo, nelle frattaglie e nei tagli grassi di carne rossa. Questo acido è stato definito «incubo metabolico» per la sua potenza e tossicità. Oltre che negli alimenti suddetti è un prodotto del metabolismo degli acidi grassi Omega 6, che porta alla formazione di eicosanoidi cattivi. Una certa quantità è utile all'organismo, ma non l'eccesso. È per questo che è considerato sfavorevole e si consiglia di limitarne al massimo il consumo.

I grassi saturi che si trovano nella carne e nei latticini preparati con latte intero, burro compreso, sono sfavorevoli. Tendono a innalzare i livelli d'insulina favorendo l'insulinoresistenza, una condizione per la quale, nonostante i livelli crescenti di questo ormone, la glicemia non scende a causa delle alterazioni delle membrane cellulari che diventano meno sensibili all'insulina.

Anche i grassi idrogenati svolgono un'azione dannosa e sono grassi sfavorevoli nella Zona. Si ricorda che si trovano nelle margarine e nei prodotti che mantengono a lungo la freschezza.

Attenzione anche ai grassi saturi vegetali, che sono indicati nelle etichette dei prodotti come « oli vegetali ».

I cibi da eliminare o da usare con moderazione

Carni rosse, tuorlo d'uovo e frattaglie sono quindi alimenti da usare raramente e moderatamente per il loro contenuto in acido arachidonico (AA). È per questo motivo che si consiglia di non mangiare più di 2 uova intere alla settimana, mentre gli albumi possono essere consumati tranquillamente e in quantità come ottima fonte di proteine.

Altri grassi da evitare nella propria alimentazione sono i grassi saturi, cioè quelli contenuti nelle fonti proteiche di origine animale: i grassi visibili delle carni, i formaggi con oltre il 20% di grassi, il latte e i latticini interi, gli insaccati che hanno un'abbondante presenza di grassi, come la mortadella, il cotechino e lo zampone, oppure la salsiccia, il salame, i würstel eccetera. Lo stesso discorso vale anche per il burro, la panna e lo strutto, usati da soli o contenuti negli alimenti confezionati.

Sono grassi saturi da evitare, anche se sono di origine vegetale, gli oli di cocco, di palma e palmisti, usati nelle preparazioni industriali che devono conservare a lungo la loro freschezza.

Da eliminare il più possibile dalle proprie consuetudini alimentari sono i grassi idrogenati o parzialmente idrogenati, che si trovano soprattutto nelle margarine e che vengono usati anche come grassi di cottura nei fast food.

Cibi da usare con moderazione

- carni rosse
- carni bianche grasse (parti di pollo e tacchino con pelle)
- grasso visibile delle carni
- insaccati grassi (salami, cotechino, zampone, mortadella, pancetta)
- grasso visibile degli insaccati
- frattaglie (fegato e fegatini, lingua)
- tuorlo
- formaggi con oltre il 20% di grassi (emmenthal, mascarpone, burrini)
- latte e yogurt interi
- burro, panna, lardo, strutto
- oli vegetali e grassi idrogenati o parzialmente idrogenati (margarine)
- cereali (pane, pasta, riso)
- verdure e ortaggi (patate, carote, barbabietole, granoturco, zucche e piselli)
- frutta (banane, uva passa, datteri, fichi, frutti essiccati, papaia, mango, succhi di frutta)
- dolci

Il pane, la pasta, il riso, le banane, l'uva passa, i datteri, i fichi, i frutti essiccati, il mango, la papaia, i succhi di frutta e i dolci non vanno banditi dalla tavola, ma vanno usati con oculatezza e moderazione.

Tra i cereali sono meno sfavorevoli quelli integrali, perché la presenza della fibra rallenta il loro assorbimento e quindi la produzione d'insulina.

Il dottor Sears suggerisce di usarli in un pasto «come un condimento», cioè in quantitativi ridotti, pari al 25% circa del totale dei carboidrati.

I vegetali come le patate, le carote, le barbabietole, le zucche, il granoturco e i piselli non sono carboidrati favorevoli alla Zona e quindi vanno usati con moderazione.

Cibi privilegiati... o quasi

Nella Zona sono consentiti tutti i cibi, che vanno però conosciuti e valutati per attuare le scelte favorevoli alla salute e per limitare l'uso di quelli che possono danneggiarla, specie se usati in eccesso.

Tra gli alimenti alcuni sono privilegiati per il basso indice glicemico, altri per il limitato contenuto di grassi saturi, altri ancora per la preponderanza di grassi monoinsaturi, altri invece si consigliano perché contengono preziosi componenti che la Zona incoraggia ad assumere.

Distinti per macronutrienti, esempi di cibi privilegiati sono:

- tra le proteine: pesce e crostacei, pollo, tacchino, struzzo, selvaggina, bresaola, mocetta, latticini magri, albume d'uovo, cibi a base di soia; in alternativa e... quasi privilegiati: prosciutti, speck, tagli magri di maiale, manzo e cavallo, parmigiano, grana;
- tra i carboidrati: tutte le verdure e gli ortaggi tranne patate, carote, barbabietole, zucche, granoturco, piselli; tutta la frutta tranne banane, fichi, datteri, papaia, mango, succhi di frutta, frutti essiccati e uva passa; come cereali, solo l'avena e l'orzo;
- tra i grassi: olio extravergine d'oliva, olive, arachidi, noci, mandorle, pinoli, pistacchi, anacardi, avocado, noci di macadamia; in alternativa e... quasi privilegiati: olio di ara-

chidi, maionese light e burro di arachidi o di mandorle (se si trovano in commercio).

Il pesce è ritenuto un'ottima fonte proteica che consente di aumentare i quantitativi della porzione rispetto alla carne. Infatti se si sceglie come fonte proteica il pollo, se ne devono pesare circa 90 g per una dose media, mentre se si sceglie il pesce una pari dose equivale a 120 g di branzino di mare, ma addirittura a 195 g di polpo.

Inoltre il pesce costituisce un'ottima fonte di acidi grassi Omega 3 e specialmente di EPA, di cui si è già parlato.

È per questo motivo che si consiglia una porzione di pesce almeno 2 o 3 volte alla settimana. Le qualità vendute in Italia che dovrebbero preferibilmente essere consumate sono: le sarde, lo sgombro o maccarello, il salmone, il tonno, le aringhe, le acciughe, il coregone. In alternativa anche: sardine, gamberi, gamberetti, aragosta, calamari, orata, cozze, storione.

Tra le carni il dottor Sears consiglia soprattutto il petto di pollo e di tacchino, ma anche lo struzzo, che in Italia diventa sempre più facile reperire, persino al supermercato.

Tra i latticini sono da preferire quelli che contengono una percentuale di massa grassa inferiore al 20%. Per cui vanno benissimo i fiocchi di formaggio magro, la ricotta, la feta e la mozzarella, che sono esempi di ottime scelte.

Per la maggior parte, gli altri formaggi non necessitano dell'integrazione con la componente di grassi aggiunti perché ne contengono già in quantità notevole.

Dell'uovo la Zona consiglia l'albume, che considera un'ottima fonte di proteine, mentre il tuorlo va consumato con moderazione, cioè non più di 2 volte alla settimana.

La soia è una fonte proteica privilegiata per la Zona. In Italia non è molto in uso, se non tra i vegetariani e gli appassionati, ma il dottor Sears consiglia di adottarla come alimento per esaltare gli effetti del suo metodo alimentare. Può essere consumata sotto forma di formaggio, il tofu, e come hamburger, hot dog e salsicce.

I prosciutti vanno sgrassati perché il grasso visibile è del tipo saturo e quindi dannoso. Si deve pertanto procedere all'integrazione con i grassi aggiunti, come per esempio le olive o le mandorle.

Tra le verdure, le scelte sono moltissime. Si possono citare in particolare: fagiolini, broccoli, asparagi, cipolle, finocchi, cavolfiori, cavolini di Bruxelles, carciofi, lattuga e insalate a foglia larga, melanzane, verza, pomodori, rape, peperoni, ravanelli, spinaci.

La frutta invece consente quantitativi più ridotti a causa dei suoi contenuti zuccherini che limitano le dosi, ma se ne può mangiare comunque in abbondanza, in modo da soddisfare qualsiasi palato ed esigenza. Per dare qualche indicazione preferenziale, si possono citare le mele, le albicocche, le fragole, i frutti di bosco, le pere, le prugne, le arance, i pompelmi, i kiwi.

Il cereale privilegiato dalla Zona è l'avena, anzi è addirittura consigliato per il suo contenuto in GLA, il prezioso acido grasso essenziale che si trova in pochissimi alimenti.

Rimane poco da dire per quanto riguarda i grassi privilegiati, perché li si è già trattati in precedenza. Si può specificare che l'olio extravergine d'oliva può essere di qualsiasi produzione e provenienza, tra i molti tipi di prodotti nazionali.

Un discorso a parte va fatto per il latte e lo yogurt. Sono alimenti sicuramente ottimi nella Zona, che privilegia il consumo del latte e dello yogurt bianco parzialmente scremati. Una porzione di questi alimenti contiene, in genere, tutti i tre macronutrienti nelle proporzioni giuste per stare nella Zona. Pertanto se vengono usati come spuntino, per esempio, sono già completi di proteine, carboidrati e grassi e non necessitano di integrazioni.

Se si vuole conoscere con precisione la loro composizione, si può comunque ricorrere alla lettura e alla valutazione

Cibi privilegiati... o quasi

- tutto il pesce, in particolare: acciughe, tonno, sardine sott'olio, aringa, salmone, cefalo, sgombro, sarda, coregone. Ma anche: sardine, calamari, spigola, orata d'allevamento, aragosta, storione, salmone affumicato, polpo, cozze, gamberi
- petto di pollo e tacchino, struzzo, selvaggina e vitello magro. Ma anche: coniglio, tagli magri di bovino, cavallo e maiale, pollo, tacchino, fagiano, quaglia
- bresaola. Ma anche: prosciutti e speck senza il grasso visibile
- albume
- proteine in polvere o in compresse
- formaggi con meno del 20% di grassi (ricotta, fiocchi di formaggio magri, feta, mozzarella). Ma anche: fontina, parmigiano, grana, scamorza, provolone, robiola, taleggio, groviera
- latte e yogurt parzialmente scremati
- soia e cibi derivati dalla soia
- olio extravergine d'oliva, olio d'oliva, olive, arachidi, noci, mandorle, pinoli, pistacchi, anacardi, avocado, macadamia. Ma anche: olio di arachidi, maionese light
- avena e orzo. Ma anche: formelle di frumento integrale all'origine
- tutta la verdura eccetto patate, carote, barbabietole, zucche, granoturco, piselli
- tutta la frutta eccetto banane, fichi, datteri, papaia, mango, frutti essiccati, uva passa, succhi di frutta

delle tabelle nutrizionali che il prodotto generalmente riporta. Capita infatti a volte che sia necessaria una piccola aggiunta di carboidrati.

Supplementi

Chi mangia nella Zona assume i macronutrienti nelle proporzioni giuste per promuovere la salute e contemporaneamente rifornisce l'organismo di micronutrienti, vitamine e sali minerali, indispensabili per il suo buon funzionamento grazie anche al loro intervento indiretto sulla produzione degli eicosanoidi.

Nell'alimentazione si possono trovare tutte le sostanze di cui l'organismo ha bisogno, specialmente se si cura la varietà dei cibi, per cui per raggiungere obiettivi salutistici non è necessario fare ricorso a economiche o costose supplementazioni, proposte da un mercato che offre prodotti magari non dannosi ma di efficacia non sempre provata.

Certo, l'attenzione alla propria dieta è sicuramente una pratica più impegnativa dell'assunzione di pillole che rassicurano la coscienza sull'impegno dedicato al proprio benessere e alla propria salute, quindi può sembrare anche una proposta scomoda quella che invita alla riflessione e alla conoscenza, in contrasto con le esigenze moderne che richiedono soluzioni rapide. Fortunatamente, la superficialità nell'alimentazione non contraddistingue chi ritiene il cibo una parte importante della propria esistenza e può trovare nella Zona le risposte nutrizionali che cerca.

Proprio perché questo metodo alimentare soddisfa le necessità dell'organismo, sono poche le proposte che si inseriscono come necessarie perché coinvolgono aspetti strettamente legati alle sue basi.

La prima è l'**olio di pesce**, che è utile soprattutto nei casi in cui non si riesce a mangiare abbastanza pesce; può essere usato anche da coloro che ne assumono 2 o 3 volte alla settimana, ma spaziano nella loro scelta, usando quelli meno ricchi in EPA, l'acido grasso di cui si è diffusamente parlato.

La dose giornaliera che il dottor Sears prescrive è 5 g.

Ci sono poi due tipi di micronutrienti che agiscono sugli eicosanoidi: gli antiossidanti e i coenzimi.

I primi reagiscono con i radicali liberi, che quindi non possono più legarsi agli acidi grassi essenziali, i quali hanno via libera per diventare eicosanoidi. Naturalmente anche in questo caso, come molte altre volte, è bene parlare di equilibri perché, se gli antiossidanti svolgono un'azione favorevole, troppi ostacolerebbero, per altri motivi, la produzione di eicosanoidi. La stessa cosa vale per i radicali liberi: troppi fanno danno, ma nelle quantità giuste sono indispensabili.

Gli antiossidanti che modulano gli eicosanoidi sono: vitamina E, vitamina C e beta-carotene.

Con una opportuna scelta di carboidrati favorevoli, è necessaria solo l'integrazione con **vitamina E**, che distrugge i radicali liberi liposolubili, nella dose indicata dal dottor Sears di almeno 100 UI al giorno: più in particolare, fino a 400 UI per gli adulti e solo da 50 a 100 UI per i bambini.

Per quanto la dieta sia valida, non è praticamente possibile assumere quantitativi sufficienti di questa vitamina che è presente soprattutto negli oli vegetali polinsaturi per preservarli dall'ossidazione. La Zona prevede un uso limitato di grassi, pertanto è consigliata un'integrazione con la vitamina E.

Il prodotto prescelto deve essere naturale e sicuro, cioè depurato dagli agenti inquinanti usati nelle coltivazioni e quindi nocivi.

La dieta invece può soddisfare il fabbisogno di **vitamina C** e di **beta-carotene**. La prima si trova in quantità notevoli nella frutta e nella verdura: ribes, fragole, kiwi, arance, clementine, rucola, peperoni, lattuga, foglie di rapa, cavolini di Bruxelles, cavolfiore, broccoli, prezzemolo, tarassaco, spinaci.

Il secondo è presente, assieme alla clorofilla, in frutti e ortaggi gialli e verdi come i peperoni, gli spinaci, i pomodori, il radicchio, la rucola, il tarassaco o dente di leone, l'albicocca, il melone estivo e le nespole. La carota ne contiene, ma appartiene ai carboidrati sfavorevoli.

Il beta-carotene deve trovarsi associato alla vitamina C perché il suo ruolo antiossidante sia efficace. Agisce infatti sui radicali liberi liposolubili che devono essere trasferiti al fegato per la detossicazione. Questo ruolo è svolto dalla vitamina C.

Tra i coenzimi ha una posizione preminente il **magnesio**, minerale che interviene in moltissime reazioni biochimiche. È collegato alla sintesi degli eicosanoidi e al buon funzionamento dell'apparato cardiovascolare. Si trova soprattutto in alcuni frutti secchi come anacardi, mandorle, pistacchi, arachidi, nocciole, noci, ma anche nelle carni del tacchino e del petto di pollo e in alcuni prodotti della pesca come sardine, gamberi, cozze o mitili e polpo. Ma anche: nel grana, nel parmigiano, negli spinaci e nei carciofi.

Altri cofattori enzimatici importanti possono essere: **vitamina B_3, vitamina B_6** e **zinco**.

La vitamina B_3 o niacina è presente nelle arachidi, nel fagiano, nel pollo e nel tacchino, nel tonno, nelle acciughe, nella sarda, nel cefalo e nel salmone.

Serve alla produzione degli eicosanoidi, come pure la vitamina B_6 e lo zinco, che interviene nel funzionamento del sistema immunitario.

Lo zinco è contenuto negli anacardi, nelle noci, nella carne di agnello, bovino magro, coniglio, tacchino e anche nel polpo, nelle acciughe, nelle mormore, nelle sardine, nella seppia e in formaggi duri come il provolone e il parmigiano.

Si potrebbe parlare anche di altri costituenti che hanno una certa valenza sul piano alimentare, come per esempio l'acido folico, il calcio, il selenio, il cromo, tutti utili per il buon funzionamento organico e per la maggior parte presenti in alimenti già citati.

Un particolare interesse riveste l'MCE (Mauritius Cane Extract), un supplemento che, oltre a esercitare un effetto an-

Tabella 4.3 - Contenuto di vitamina C in 100 g di alcuni alimenti

Verdure e ortaggi	**mg**
prezzemolo	162
peperoni crudi	151
ruchetta o rucola	110
broccoletti di rapa crudi	110
broccoletti bolliti	86
cavoli di Bruxelles crudi	81
foglie di rapa	81
broccolo ramoso verde	77
cavolfiore crudo	59
lattuga da taglio	59
broccolo a testa crudo	54
spinaci crudi	54
broccolo a testa bollito	53
cavolini di Bruxelles bolliti	52
tarassaco	52
radicchio verde	46
cavolfiore bollito	28
Frutta	
ribes	200
kiwi	85
papaia	60
clementine	54
fragole	54
limoni	50
arance	50
litchi	49
mandarini	42
pompelmo	40
mandaranci	37
melone estivo	32
kaki	23

Tabella 4.4 - Contenuto di magnesio in 100 g di alcuni alimenti

Cereali e derivati	**mg**
germe di grano	255
grano duro	160
mais	120
Verdure e ortaggi	
biete cotte al microonde	80
spinaci cotti al microonde	80
carciofi cotti al microonde	66
spinaci crudi	60
biete bollite	52
carciofi crudi	45
patate cotte al microonde	32
peperoni cotti al microonde	32
cavolfiore cotto al microonde	30
cavolfiore crudo	28
patate bollite con buccia	28
zucchine cotte al microonde	27
finocchi cotti al microonde	24
patate novelle cotte al microonde	21
Carni fresche	
pollo, petto	32
tacchino, fesa	32
cavallo	29
vitello	25
Carni trasformate	
bresaola	34
salame cacciatore	34
salame nostrano	34
speck	29
prosciutto crudo di Parma	26
Prodotti della pesca	
sardine fresche	70
cozze o mitili	44
gamberi	39
polpo	39
seppia	32
triglia	30

(segue)

Formaggi	
grana	63
parmigiano	43
pecorino	40
provolone	40
caciotta mista	30
fontina	27
Dolci	
cioccolato fondente	91
cioccolato al latte	50
Frutta secca	
mandorle	264
anacardi	260
arachidi tostate	175
nocciole	160
pistacchi	158
noci pecan	131
noci	121
noci di macadamia	118

Tabella 4.5 - Contenuto di vitamina B_3 in 100 g di alcuni alimenti

Cereali e derivati	mg
crusca di frumento	29,60
germe di frumento	6,20
farina di orzo	5,50
farina di frumento integrale	5
Verdure e ortaggi	
funghi ovoli e porcini crudi	4
pomodori, conserva	3,10
tartufo	2
Carni fresche	**mg**
pollo, petto cotto in padella	11,60
fagiano	11,30

(segue)

faraona, petto cotto al forno	11
tacchino, fesa cotta in padella	10,80
quaglia	7,50
oca	6,40
vitello	6,30
capretto	5,70
cavallo	5,54
agnello al forno	5
bovino	5

Carni trasformate

prosciutto crudo	6,50
prosciutto crudo di Parma	5,50

Prodotti della pesca

acciuga fresca	14
tonno sott'olio	10,40
tonno in salamoia	10
sarda	9,70
salmone affumicato	8,80
tonno fresco	8,56
cefalo	7,30
salmone fresco	7
salmone in salamoia	7
acciuga sott'olio	6,50
palombo	5,60

Frutta secca

arachidi	14
mandorle secche	3
nocciole	2,80
pinoli	2,70

Tabella 4.6 - Contenuto di zinco in 100 g di alcuni alimenti

Cereali e derivati	**mg**
frumento tenero	3,10
frumento duro	2,90
mais	2,21
germe di frumento	1,22
Carni fresche	
agnello cotto al forno	5,82
tacchino, coscia cotta al forno	4,60
bovino	4
coniglio	3,90
maiale cotto in padella	3,50
faraona al forno	3,44
pollo, coscia cotta al forno	3,33
vitello	2,80
Carni trasformate	
bresaola	3,87
carne bovina pressata	3,64
coppa di Parma	3,50
salame	3,50
prosciutto crudo di Parma	3,50
carne bovina in gelatina	2,98
Prodotti della pesca	
polpo	5,10
mormora	4,60
acciuga	4,20
seppia	4,20
sardine fresche	3,90
salpa	3,30
calamaro	3,10
Formaggi	
fontina	4,25
provolone	4,16
grana	4
parmigiano	4
caciotta mista	3,70
pecorino	3,38

(segue)

Frutta secca	mg
anacardi	6
noci	5
arachidi tostate	3,50
noci pecan	2,7
mandorle	2,50
pistacchi	2,37

tiossidante, contribuisce al controllo dell'eccesso di cortisolo e di acido arachidonico. Le ricerche più avanzate sembrano dimostrare la sua efficacia contro l'invecchiamento, soprattutto grazie all'estratto che si ricava dalla scorza esterna della canna da zucchero, in particolare quella che si trova sull'isola Mauritius, nell'oceano Indiano.

Per i vegetariani che non consumano né pesce né olio di pesce è importante la supplementazione con DHA che verrà poi trasformato nell'organismo in EPA, anche se in modo parziale. Questo Omega 3 può essere estratto dalle alghe e pertanto si trovano prodotti di origine vegetale che lo contengono.

Anche la vitamina B_{12} deve far parte dell'integrazione alimentare dei vegetariani, che non possono assumerla dalle proteine animali.

5

Le regole del metodo 40/30/30

DOPO avere conosciuto il cibo e le migliori fonti di carboidrati, proteine e grassi, per mettere in pratica il metodo alimentare pro Zona si devono seguire alcune regole che servono a tenere sotto controllo il livello insulinico. Le due principali sono:

- assumere tutti e tre i tipi di macronutrienti ogni volta che si mangia, cioè alimentarsi sempre associando i carboidrati, le proteine e i grassi, secondo le proporzioni stabilite;
- non lasciare passare più di 5 ore tra un'assunzione e l'altra di cibo.

Associare sempre i tre macronutrienti è la prima grande novità dietetica, che consente di controllare ormonalmente l'organismo per le successive 4-6 ore: è proprio la contemporaneità di assunzione, a ogni pasto o spuntino, di proteine, carboidrati e grassi che contribuisce a raggiungere i traguardi metabolici che la Zona si prefigge.

È infatti l'azione sinergica dei tre macronutrienti che provvede a controllare insulina, glucagone e conseguentemente gli eicosanoidi.

Vediamo cosa succede e perché.

I carboidrati forniscono energia sotto forma di glucosio:

l'innalzamento glicemico conseguente alla loro ingestione è però tenuto sotto controllo non solo dall'assunzione di glucidi a basso indice glicemico, ma anche dai grassi che assicurano un ulteriore, graduale assorbimento dei carboidrati oltre a un senso di sazietà; le proteine stimolano la secrezione di glucagone, che serve a stabilizzare i livelli di glucosio nel sangue quando cala la glicemia, 2-3 ore dopo il pasto.

Il tutto si traduce in una secrezione insulinica che tende a essere il più possibile controllata: prima attraverso un innalzamento graduale della glicemia, poi attraverso il mantenimento dei suoi livelli, che non scendono mai troppo in basso grazie al glucagone, che esercita la sua azione contrapposta di mobilizzo delle riserve quando si esaurisce l'azione dei carboidrati. In questo modo i livelli di glucosio nel sangue sono mantenuti entro certi limiti, che si possono definire piuttosto costanti. Ciò consente di rifornire il cervello con una quantità di glucosio modulata, senza eccessivi picchi né di massima né di minima, che lo porterebbero a una situazione di difficoltà. Con la Zona invece si raggiunge una stabilità glicemica che assicura per tutto il giorno la lucidità mentale, ma anche l'assenza della sensazione di fame, sempre grazie ai livelli glicemici stabilizzati.

Ci si libera anche della cosiddetta « fame da carboidrati », che a volte si presenta violenta e prepotente un paio d'ore dopo un pasto eccessivamente ricco di carboidrati e povero di proteine. Per calmarla si mangia qualsiasi cosa si trovi a portata di mano, in genere altri carboidrati: cracker, grissini, pane. Si viene a creare in questo modo un circolo vizioso di fame, con tutto quello che ne consegue per la salute. Il controllo della qualità e quantità dei carboidrati e l'assunzione contemporanea di proteine e grassi, cioè il metodo Zona, permette di superare questo problema.

Il glucagone, oltre a esercitare un controllo diretto sull'insulina attraverso l'asse ormonale che li collega, svolge la sua azione antagonista sull'« immagazzinatrice » portando alla mobilizzazione dei grassi di scorta attraverso l'utilizzo delle riserve di glicogeno del fegato.

Diretta conseguenza di ciò è il piacevole effetto collaterale di perdita della massa grassa in eccesso, che è uno dei motivi che avvicina molte persone alla Zona.

Insomma, nella Zona non hanno grande importanza le calorie, ma la loro provenienza. Per cui la distribuzione dei macronutrienti a ogni pasto o spuntino diventa per la Zona una necessità. Questo aspetto è sottovalutato dai tradizionali metodi nutrizionali che si curano soprattutto di quantificare gli introiti giornalieri totali, senza considerare che la loro distribuzione induce risposte ormonali diverse. Invece la Zona tiene conto soprattutto delle risposte ormonali, non solo delle quantità caloriche di energia introdotte con gli alimenti. Queste, nella Zona, sono solo una diretta conseguenza. Per gli interessati a questo discorso, si può ricordare che le proporzioni caloriche sono 40/30/30.

È su questi numeri che si rendono necessarie alcune puntualizzazioni perché è qui che possono nascere equivoci sulla Zona. 40/30/30 significa che il pasto o lo spuntino devono essere costituiti in calorie dal 40% di carboidrati, dal 30% di proteine e dal 30% di grassi. Si badi bene: si parla di percentuali di calorie e non di peso. Ciò significa, per esempio, che i grassi, che hanno una resa calorica all'incirca doppia rispetto alle proteine e ai carboidrati – 9,1 calorie per g contro 4,1 calorie per g, come si vedrà più avanti –, vedono dimezzata la loro percentuale calorica (dal 30% al 15% in peso).

Per capire se la Zona sia iperproteica, è meglio confrontare direttamente il quantitativo proteico consigliato dalle più accreditate fonti nazionali con quello che prevede il dottor Sears. Un esempio servirà al confronto.

Consideriamo una donna di 70 kg in sovrappeso, con una percentuale di massa grassa del 33% (è la percentuale media della donna occidentale). I tradizionali calcoli del fabbisogno proteico prevedono l'assunzione di 0,8-1 g di proteine per peso corporeo, quindi dovrebbe assumere da 56 g a 70 g di proteine al giorno. Per la Zona, che articola maggiormente questo calcolo perché lo quantifica in base alla massa magra e all'attività svolta, questa donna deve assumere giornalmente da 51 g a 70 g di proteine – il primo calcolato con coefficiente di attività 1,1 (sedentaria), il secondo con coefficiente 1,5 (lavoro + leggero fitness). Come si può vedere, la prescrizione proteica è sostanzialmente uguale. Per cui la Zona non è una dieta iperproteica, come lo dimostrano anche i quantitativi di cibo che prevede un pasto medio normale di una donna che come quota proteica assume, per esempio, 90 g di petto di pollo.

Ma torniamo al 40/30/30. Il primo obiettivo, quindi, è il giusto rapporto tra proteine e carboidrati, che è fondamentale: quello ideale è 0,75, cioè praticamente a ogni 3 (o 7) g di proteine devono corrispondere 4 (o 9) g di carboidrati.

In realtà esiste un intervallo di valori accettabili, secondo le caratteristiche individuali, che non deve mai scendere sotto lo 0,6 né salire oltre 1,0.

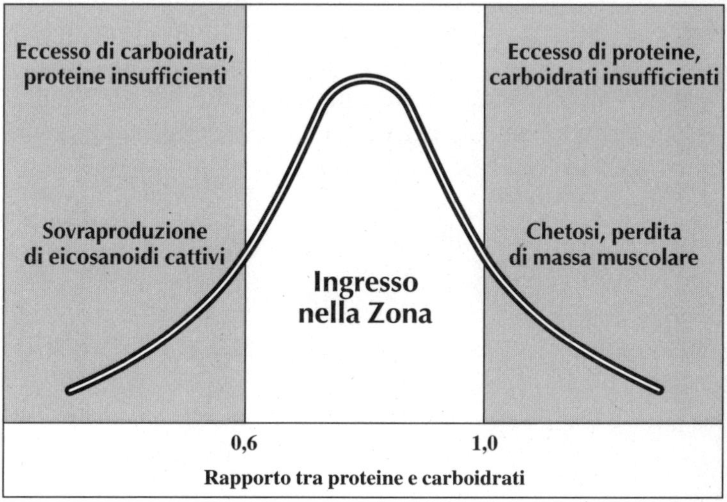

Figura 5.1 - L'ingresso nella zona richiede uno stretto controllo del rapporto proteine/carboidrati

Non esistono individui uguali, quindi si deve mettere a punto il metodo secondo le singole necessità. In sostanza, si deve regolare il proprio «carburatore», come dice il dottor Sears, con la giusta e appropriata miscela perché non solo funzioni, ma renda al meglio. Questa considerazione è tanto più importante quanto più si richiedono all'organismo prestazioni particolari, come avviene per esempio con gli atleti.

Nella Zona si parte dunque dalle proteine, di cui si stabilisce il fabbisogno giornaliero in base alla propria massa magra, che è costituita dal peso corporeo sottratto della massa grassa, e all'attività fisica svolta, che ne comporta un consumo. Poi, di conseguenza, si ricava in modo matematico il fabbisogno glucidico giornaliero secondo il rapporto suddetto, e quello lipidico, che risulta pari a 3 g per ogni 7 g di proteine e 9 g di carboidrati. Per questi calcoli si può trovare indicazione nel libro *Come raggiungere la Zona*, del dottor Sears. Con tali presupposti la Zona è applicabile in modo matematicamente definibile a uomini e donne, di qualsiasi età e condizione, nel rispetto della loro individualità.

Il biochimico americano ha messo inoltre a punto un metodo molto preciso e di facile applicabilità per tradurre questi dati in quantità di cibo da assumere: il metodo a blocchi di cui si parla a p. 103.

Il rapporto ponderale espresso tra proteine, carboidrati e grassi si può tradurre caloricamente, anche se, come si diceva, nella Zona questo non è un aspetto fondamentale ma consequenziale.

Poiché:

- 1 g di glucidi fornisce 4,1 cal, per cui 9 g forniscono 36,9 cal
- 1 g di proteine fornisce 4,1 cal, per cui 7 g forniscono 28,7 cal

- 1 g di grassi fornisce 9,3 cal, per cui 3 g forniscono 27,9 cal

la proporzione calorica è 40/30/30.

Il quantitativo giornaliero di cibo nella Zona non è espresso dalle necessità caloriche, ma, come detto, da quelle proteiche, dall'attività fisica svolta e dal metabolismo individuale. Sono questi i parametri che entrano in gioco e che vanno usati per stabilire le giuste quantità di cibo da assumere: non di più, non di meno, e secondo le proporzioni della Zona.

Passiamo ora alla seconda regola fondamentale della Zona: non lasciare passare più di 5 ore tra un'assunzione di cibo e l'altra.

Dopo avere agito sull'assimilazione del cibo in modo da promuovere una buona risposta ormonale, si deve cercare di prolungare questo effetto senza indurre scossoni che vanificherebbero la Zona. Perciò si deve distribuire il cibo nell'arco della giornata in modo uniforme, come un farmaco, così da tenere sotto controllo il sistema ormonale. La situazione ottimale sarebbe consumare spuntini sapientemente intervallati, senza distinzione in pasti principali e merende. Per comodità organizzative si adottano, in modo indicativo e non tassativo, 3 pasti principali e 2 o più spuntini.

Ogni volta che si consuma un pasto, si induce una risposta ormonale per le successive 4-6 ore. Se ci si è alimentati secondo il metodo Zona, questa risposta favorevole alla salute viene mantenuta tale se si mangia prima che questo effetto cessi, cioè dopo 5 ore dall'ultima volta che si è assunto del cibo.

Per questo nella Zona è necessario fare degli spuntini che servono a intervallare pasti troppo lontani tra loro. Con una merenda, che può cadere a metà mattina o al pomeriggio, o in entrambi i periodi, secondo necessità, si riesce a tenere controllata la glicemia e la conseguente secrezione insulinica.

In questo caso si deve rispettare anche una norma che stabilisce la quantità minima di cibo per uno spuntino perché il sistema ormonale venga adeguatamente sollecitato. È pari a quello che più avanti (vedi pp. 103-104) verrà definito 1 blocco. Quando si mangia nella Zona, cioè, il quantitativo di cibo minimo deve contenere 9 g di carboidrati, 7 g di proteine, 3 g di grassi (1 blocco).

Gli orari dei pasti nella Zona non sono rigidi, ovvero i pasti non devono per forza essere consumati sempre e soltanto nelle stesse ore, ma non devono trascorrere intervalli superiori alle 5 ore. Con questo presupposto, si può programmare la propria giornata secondo necessità. Una certa regolarità oraria nell'alimentazione è pur sempre una buona abitudine, ma non bisogna attribuire a questo metodo una rigidità che non gli è propria.

Nella Zona è necessario consumare uno spuntino anche prima di coricarsi. Ciò, oltre a controllare la secrezione ormonale – che, seppur ridotta, continua anche nella notte –, serve anche a ottimizzare la secrezione dell'ormone della crescita (GH), che svolge i già nominati effetti positivi sulla massa magra e sulla combustione dei grassi attraverso la creazione di un ambiente favorevole alla sua secrezione. Questa regola viene trasgredita solo se passano meno di 2 ore tra la cena e l'ora di coricarsi.

Secondo le regole della Zona, quindi, non serve saltare i pasti per dimagrire, anzi il digiuno è disastroso dal punto di vista ormonale, perché crea i presupposti per un picco d'insulina, che è negativo anche per la salute.

Non serve neppure affidare la propria «linea» e il proprio benessere a un eccessivo e indiscriminato consumo di carboidrati in obbedienza a molte diete salutistiche, né tantomeno seguire gli squilibri di quelle iperproteiche.

La Zona propone un metodo alimentare equilibrato, che

tratta il corpo non solo come una macchina che ha bisogno di energia per funzionare e dei costituenti essenziali, ma come una macchina metabolica, che risponde ormonalmente in modo diverso a seconda delle stimolazioni che il cibo induce. Questa risposta può essere positiva, negativa o neutra: la Zona si propone di mantenerla il più a lungo possibile favorevole, attraverso il controllo della velocità di assimilazione dei cibi e, di conseguenza, della modulazione delle risposte ormonali.

Si deve quindi cambiare la prospettiva con cui si guarda il cibo: non più visto solo come qualcosa che si assume per piacere o per calmare l'appetito, ma anche come un farmaco potente che può determinare o meno la salute, e va quindi trattato con grande rispetto perché può far vivere bene o male, a seconda dell'uso che se ne fa.

Se non si consuma un pasto ormonalmente corretto, sia come composizione sia come tempi di assunzione, l'organismo può sentire fame ed essere assonnato e pigro perché si sono mangiati troppi carboidrati che hanno stimolato un'eccessiva produzione d'insulina, oppure può essere affamato, ma sveglio e pimpante, perché si sono consumate troppe proteine che hanno spinto troppo in basso il livello d'insulina, per cui il cervello chiede ancora cibo, anche se gli arriva abbastanza glucosio. Nella Zona non si deve sentire fame. Se ciò avviene, significa che vanno apportate delle modifiche per la messa a punto del metodo, secondo le proprie caratteristiche.

Dobbiamo imparare, però, come abbiamo accennato all'inizio del libro, a distinguere la fame dalla gola, poiché l'abbondanza di cibo a disposizione e le cattive abitudini alimentari hanno assuefatto l'organismo a risposte anomale, non corrispondenti a vere necessità fisiologiche. Dopo i primi giorni di pratica, comunque, ciò non sarà più un problema.

Riassumendo

Nell'adozione del metodo 40/30/30 si devono seguire le seguenti regole:

1. ogni assunzione di cibo deve essere composta da tutti e tre i macronutrienti, cioè carboidrati, proteine e grassi
2. le proporzioni devono essere: a ogni 9 g di carboidrati devono corrispondere 7 g di proteine e 3 g di grassi (per la quantità in cibo si fa ricorso a comode e facili tabelle che indicano i pesi degli alimenti utili a comporre i pasti secondo queste proporzioni)
3. tra un pasto e l'altro non devono passare più di 5 ore
4. se tra un pasto e l'altro trascorrono più di 5 ore, è necessario consumare uno spuntino, sempre composto da tutti e tre i macronutrienti
5. uno spuntino deve essere composto al minimo da cibo corrispondente a 9 g di carboidrati, 7 g di proteine, 3 g di grassi (1 blocco)
6. l'ultimo spuntino deve essere quello serale, prima di coricarsi per la notte, salvo se si è cenato entro le 2 ore. Quindi, se si va a dormire entro 2 ore dalla cena, si può evitare lo spuntino.

6

Come usare la Zona

PER applicare praticamente la Zona esistono principalmente 2 metodi:

- a blocchi
- a occhio o della mano.

Sono entrambi validi, anche se la loro applicazione è diversa a seconda degli obiettivi che ci si prefigge di conseguire e servono per costituire i pasti e gli spuntini con le proporzioni di cibo opportune per entrare o mantenersi nella Zona.

Il metodo a blocchi è più difficile ma consente risultati più rapidi ed efficaci, qualunque sia il motivo per cui ci si avvicina alla Zona.

Il metodo a blocchi

Consente di applicare le corrette proporzioni tra gli alimenti che, come sappiamo, la Zona ha quantificato in 9 g di carboidrati ogni 7 g di proteine e ogni 3 g di grassi (vedi il capitolo « Le regole del metodo 40/30/30 »).

Barry Sears ha introdotto il termine «blocco» per «tradurre» ed esprimere queste proporzioni in quantità di cibo.

In questo modo si è potuto formulare un elenco di alimenti che riportano in peso i quantitativi idonei a esprimere e rispettare queste giuste proporzioni.

Lo stesso elenco consente di operare in modo semplice l'accostamento, matematicamente definito, dei tre macronutrienti.

Per esempio, 30 g di petto di pollo, indicato nella tabella degli alimenti (Appendice A) tra le proteine, contengono 7 g di proteine ed equivalgono a 1 blocco di proteine, così come 300 g di asparagi, che si trovano nell'elenco dei carboidrati favorevoli, hanno 9 g di carboidrati e costituiscono 1 blocco di carboidrati.

Un discorso diverso va fatto invece per i grassi, che in tabella costituiscono i grassi «aggiunti», per cui 3 olive non contengono 3 g di grassi, ma 1,5 g perché se ne devono aggiungere di meno: mangiando fonti proteiche, anche se magre, si assumono già altri grassi nascosti. Pertanto 1 blocco di grassi aggiunti equivale a 1,5 g.

Per costituire un pasto o uno spuntino basta accostare ogni singolo blocco di proteine, carboidrati e grassi secondo la proporzione 1 : 1 : 1, cioè a ogni blocco di proteine deve corrispondere 1 blocco di carboidrati e 1 di grassi aggiunti. Queste proporzioni possono necessitare di modifiche e variazioni in alcuni casi particolari, come per esempio per gli atleti, per i quali la proporzione può arrivare a 1 : 1 : 2, cioè si deve aumentare il consumo di grassi.

Alcuni trovano più facile la comprensione dei blocchi attraverso il concetto di miniblocchi.

Questi sono semplicemente i blocchi divisi per tipo di macronutriente di appartenenza.

Il blocco così suddiviso rimane perciò costituito da 1 miniblocco di proteine + 1 miniblocco di carboidrati + 1 miniblocco di grassi aggiunti.

Un esempio da 3 blocchi

3 miniblocchi di proteine	3 miniblocchi di carboidrati	3 miniblocchi di grassi
30 g di petto di pollo	un piatto di minestra di verdure	1/3 di cucchiaino di olio d'oliva
30 g di petto di pollo	320 g di zucchine	1/3 di cucchiaino di olio d'oliva
30 g di petto di pollo	180 g di macedonia	1/3 di cucchiaino di olio d'oliva

Un esempio può aiutare la comprensione:

Un pasto da 3 blocchi è costituito da:
3 miniblocchi di proteine + 3 miniblocchi di carboidrati + 3 miniblocchi di grassi aggiunti.

3 miniblocchi di proteine possono essere costituiti, per esempio, da 150 g di gamberetti.
3 miniblocchi di carboidrati possono essere costituiti, per esempio, da 1 piatto di minestra di verdura + 300 g di pomodori + 170 g di fragole.
3 miniblocchi di grassi aggiunti possono essere costituiti, per esempio, da 1 cucchiaino di olio extravergine d'oliva per condire i pomodori.

La maggiore difficoltà di questo metodo, una volta compreso il concetto di blocco e miniblocco, è la seccatura di dovere inizialmente pesare gli alimenti per imparare quanto è un miniblocco di ciascuno di loro in peso, seguendo la tabella degli alimenti (Appendice A).

Ma è una fatica ben ripagata dall'efficacia del metodo che, applicato assieme alla regola delle 5 ore, garantisce risultati puntuali e sicuri.

Il metodo a occhio

Questo metodo non è preciso, ma è utile in varie occasioni e applicabile da coloro che, per motivi diversi, optano per l'approssimazione.

Si può utilizzare il proprio «occhio», allenato al metodo a blocchi, per cui una persona, dopo avere pesato per un po' gli alimenti, decide di poter valutare con approssimazione i quantitativi dei suoi componenti alimentari, confidando nell'esperienza acquisita.

È senz'altro una buona iniziativa che consente di convivere agevolmente con la Zona con una certa precisione, ma senza estremizzare il metodo. Risulta ancora migliore se, ogni tanto, si controlla il risultato della valutazione, verificando sulla bilancia la correttezza del proprio occhio.

Il dottor Sears indica un altro metodo « a occhio » o « della mano » che può essere utilizzato quando si è fuori casa e quindi impossibilitati a usare il metodo a blocchi, oppure può essere utile ai refrattari della bilancia, a quelli che non vogliono saperne di pesare il cibo. Queste persone devono essere consapevoli del fatto che i risultati non saranno così puntuali e certi, perché delegati alla fortuna di possedere un occhio affidabile; possono però contare sulla flessibilità del metodo Zona, che consente di conseguire discreti risultati anche senza una grande precisione nella determinazione delle quantità di cibo.

Tale metodo consiste nell'utilizzare la propria mano per individuare il quantitativo di macronutrienti da consumare a ogni pasto. Non aiuta invece nella costituzione dello spuntino, ma questo è un piccolo problema perché bastano qualche esempio e pochissima esperienza per risolverlo.

La porzione di proteine da consumare in un pasto non deve superare la superficie e lo spessore del proprio palmo.

Con lo stesso presupposto si quantificano i carboidrati, che invece bisogna distinguere in sfavorevoli e favorevoli. Se sono sfavorevoli se ne possono mangiare quanto un proprio pugno: per esempio, tante patate o pasta o pane quanto il volume del proprio pugno. Se sono favorevoli, come la frutta e le verdure, meno redditizie dal punto di vista del contenuto glucidico, si possono consumare quantitativi pari a 2 dei propri pugni. Quindi, per esempio, 1,5-2 mele, a seconda del proprio pugno, e per qualcuno anche di più.

Sono invece molto più liberi i quantitativi di verdure come i finocchi e molti tipi d'insalate, che hanno un basso o bassissimo contenuto glucidico. Per avere un'idea di quali siano queste verdure è sufficiente visionare l'elenco degli alimenti nell'Appendice A.

La porzione di grassi aggiunti dovrebbe corrispondere al volume del proprio pollice ma, per condire le abbondanti verdure, è consentito utilizzarne a pasto un quantitativo superiore, pari al massimo a 1 cucchiaio da tavola, sia per una donna media, sia per un uomo medio. Poiché infatti questi grassi non interferiscono con l'asse insulina-glucagone, si può aumentarne leggermente la dose che consente di consumare un quantitativo adeguato di verdure.

Un pasto con il metodo a occhio per una donna o un uomo medio può, per esempio, essere costituito da una porzione di tacchino grande e spessa come il proprio palmo, un'abbondante insalata di lattuga (che non conta dal punto di vista glucidico), condita con 1 cucchiaio d'olio e infine una macedonia corrispondente a 2 dei propri pugni.

Può risultare comodo notare che, in genere, si considera 1 frutto grosso come la mela o l'arancia al pari di 2 piccoli come il kiwi o il mandarino, e questa corrispondenza trova conferma anche visivamente, in riferimento alla misura del pugno.

È un metodo semplice e pratico, anche se abbastanza approssimativo, ma molto utile in certe situazioni e anche ai principianti della Zona che si trovano fuori casa e non vogliono sbagliare. Consente infatti di restare molto vicini alla Zona, se non addirittura di rispettarla fedelmente, senza crearsi troppi problemi.

7

La Zona sotto la lente

La varietà nei cibi

La varietà alimentare non è una necessità primaria per la Zona, che si occupa prevalentemente della risposta ormonale al cibo, ma è un aspetto che non viene sottovalutato, perché garantisce non solo l'assunzione di una vasta gamma di componenti dei macronutrienti, ma anche il rifornimento dei preziosi micronutrienti, cioè vitamine e sali minerali.

Gli italiani hanno la fortuna di avere a disposizione molte fonti diversificate tra quelle privilegiate dall'alimentazione pro Zona, grazie alle caratteristiche territoriali e alle variegate tradizioni gastronomiche che arricchiscono le cucine di prodotti fantasiosi e molto appetibili.

Come dice il dottor Sears, lo stomaco è «politicamente scorretto», cioè non fa distinzione sulla fonte dei macronutrienti che si ingeriscono: non interessa se le proteine provengono sempre dal pollo o dal pesce, se i carboidrati sono quelli di una pera o di un'arancia. La monotonia non lo riguarda.

Questa uniformità porta, nei riguardi dei carboidrati, a far equivalere, come già detto, un piatto di pasta a una tazza di zucchero, con le analoghe conseguenze negative sull'insulina, ma porta anche a sottovalutare l'importanza di quegli elementi essenziali che sono contenuti nelle proteine e nei grassi e che sono indispensabili per la vita, al pari delle vitamine e dei sali minerali.

Questi componenti devono essere introdotti nell'organismo con il cibo perché il corpo non è in grado di produrli, neppure con le complicate elaborazioni biochimiche di cui è capace. Pertanto certi amminoacidi che provengono dalle proteine, alcuni grassi e i micronutrienti che si trovano in gran parte nei vegetali, ma anche nelle carni e nei pesci, devono rientrare nella dieta se non si vuole incorrere in disturbi che compromettono la salute.

Non esiste però un alimento completo, né come prodotto naturale né come trasformato, che contenga tutto e nelle giuste quantità, in modo da soddisfare ogni esigenza nutritiva.

Come fare, allora? Semplicissimo. Basta variare la qualità dei cibi, cioè mangiare un po' di tutto.

Pesci, carni, latticini, verdure e frutta contengono una quantità più che sufficiente di questi indispensabili componenti alimentari: il loro assortimento serve a colmare le eventuali carenze di un alimento, che vengono supplite da un altro.

Nella Zona si può, anzi è consigliato, mangiare di tutto, secondo il proprio gusto, la necessità e l'opportunità. Così, a ogni pasto, che deve essere composto da proteine, grassi e carboidrati (specialmente verdura e frutta), si può concorrere a rifornire l'organismo di una vasta gamma di nutrienti nobili e indispensabili.

Quando seguono un metodo alimentare, soprattutto da principianti, alcune persone rischiano di essere ripetitive, utilizzando sempre gli stessi cibi per paura di sbagliare. Magari si irrigidiscono su schemi redatti con l'aiuto di una guida esperta perché non trovano il coraggio di «volare» da sole.

Ciò non è un problema né per lo stomaco, né per la risposta ormonale dell'organismo nella Zona, perché quello che conta è soprattutto il corretto bilanciamento di macronutrienti. Però a lungo andare è meglio sbloccarsi e trovare la sicurezza per costruire i propri pasti, senza timore.

Si potrà scoprire come la Zona sia facile e come consenta di vivere liberamente qualsiasi situazione, senza penalizzare i suoi propositi e obiettivi.

L'acqua

È un elemento importantissimo, essendo il costituente fondamentale di tutti gli esseri viventi.

Una sua riduzione anche solo del 10% porta l'organismo all'incapacità di svolgere attività fisiche organizzative; una carenza del 20% determina la morte.

Svolge diverse funzioni fisiologiche partecipando, per esempio, ai fenomeni digestivi, al trasporto dei metaboliti e dei cataboliti, agli scambi intercellulari, alla regolazione termica del corpo eccetera.

Si trova per la maggior parte (50% del peso corporeo) dentro le cellule; per il resto (20% del peso corporeo) nel sangue, negli spazi interstiziali delle cellule, nella linfa eccetera.

L'acqua organica viene introdotta nel corpo essenzialmente con l'alimentazione; solo una piccola parte (400 ml giornalieri) è di origine metabolica, cioè si forma nei processi ossido-riduttivi fisiologici, come prodotto catabolico.

Il fabbisogno giornaliero varia con l'età, il sesso, la percentuale di massa grassa e le condizioni ambientali. L'invecchiamento altera le strutture proteiche che legano l'acqua, per cui si verifica una diminuzione del tenore idrico; gli obesi hanno un contenuto d'acqua percentualmente inferiore rispetto ai magri; in modo analogo le donne, che fisiologicamente hanno più lipidi, hanno un fisico che contiene meno acqua degli uomini.

Il ricambio quotidiano ammonta a circa il 6% dell'acqua contenuta in un organismo e quindi è importante che, in condizioni normali, ci sia un'assunzione minima di 2-2,5 litri d'acqua al giorno.

Anche nella Zona l'acqua costituisce un elemento importante. Il passaggio dal metabolismo dei carboidrati a quello dei grassi che si ha con la Zona richiede infatti una maggiore quantità d'acqua.

La media giornaliera di consumo non deve scendere sotto i limiti indicati, anche per le donne, che in genere sono le più refrattarie a questa raccomandazione. Semmai si deve eccedere.

L'acqua naturale va benissimo, ma se piace si può usare quella gasata o leggermente gasata perché non interferisce con la Zona.

Se si ha difficoltà ad assumere un quantitativo d'acqua che sembra impossibile, si può ricorrere a infusi, tisane o a piccole aggiunte, per esempio di limone, che insaporiscono e rendono più gradevole l'acqua a quelle persone che altrimenti non ce la farebbero a consumare la dose indicata.

Nella Zona non importa se si beve a pasto o fuori pasto. Certamente una certa quantità di liquidi agevola la digestione, ma ognuno può comportarsi secondo le proprie abitudini e convinzioni.

Il caffè, il tè, gli infusi, le tisane

Il **caffè** è un prodotto largamente diffuso in Italia, anche se il consumo nazionale colloca il nostro Paese tra i consumatori medi a livello mondiale.

Non apporta macronutrienti ma, in associazione con un dolcificante che nella Zona è il fruttosio, costituisce una fonte di carboidrati.

Nella Zona si consiglia di consumarne il meno possibile

perché i cataboliti della caffeina tendono a far crescere i livelli d'insulina.

Se una persona ne consuma giornalmente un alto quantitativo di tazzine, la riduzione va attuata in modo graduale, per non imporre all'organismo una massiccia e repentina variazione che potrebbe causare mal di testa. Si può iniziare con la diminuzione di una tazzina per volta, ogni 3-4 giorni, fino ad arrivare al quantitativo desiderato.

Nel caso si prendesse il caffè amaro, senza fruttosio, non è indispensabile un bilanciamento; se si prendesse dolcificato, è d'obbligo assumere anche una fonte proteica. Non è sufficiente, al fine del bilanciamento, bere un caffè macchiato, perché la quantità di latte è troppo esigua e il latte, in genere, è già bilanciato.

Una soluzione diversa e migliore è l'uso di poco caffè per il caffellatte o un generoso cappuccino: in quantitativi limitati può costituire una sorta di « sconto ».

Per coloro che amano la precisione che la Zona consente, sarà utile puntualizzare che se si vuole prendere il caffè da solo, le poche soluzioni possibili sono probabilmente poco gradite dagli estimatori di questa bevanda: o si impara a gustare poco caffè amaro, o si prende il caffè dolcificato con l'aggiunta, prima o dopo, di una fonte proteica, tipo prosciutto o formaggio, che consente il bilanciamento. Se si sceglie per l'integrazione, si può lasciare trascorrere un tempo fino a 15 minuti tra il caffè e le proteine, che possono già comprendere i grassi. In questo modo si può assaporare il caffè senza l'« inquinamento» di altri gusti. Questa possibilità può essere sfruttata come idea per uno spuntino, anche se non è ottimale.

Al mattino, quando non si vuole rinunciare al caffè del risveglio, si può prendere questa bevanda e poi fare una buona colazione; oppure il caffè può seguire questo importante pasto, a piacere.

È facile che gli amanti dell'aroma del caffè non accettino volentieri le proposte restrittive. Il caffè per molti non è infatti solo una bevanda, ma un diritto e un rito irrinunciabile. Per ridurre i quantitativi, si può pensare allora di consumarne un po' meno ogni volta che lo si prende: in questo modo non si rinuncia al gradito appuntamento con il sapore, ma si diminuisce il quantitativo totale.

Stesso discorso per il **tè**, una bevanda che non viene consumata in grandi quantitativi in Italia, ma che comunque può agire sull'insulina analogamente al caffè. Infatti le foglie di tè contengono un alcaloide che è stato chiamato teina fino a quando non si è scoperto che si trattava ugualmente di caffeina. Ciò non toglie che, se se ne ha voglia, non si possa bere una tazza di tè, del quale però non bisogna abusare; eventualmente bilanciare, nel caso venisse dolcificato.

Anche in questo caso si può utilizzare il tè come fonte glucidica di uno spuntino.

I prodotti decaffeinati costituiscono un'alternativa ai caffè e tè tradizionali, ma possono ingenerare tutte quelle riserve che sorgono per prodotti ulteriormente trattati.

Il **caffè d'orzo**, invece, se piace, è una scelta più felice, in quanto questo cereale fa parte dei tipi favorevoli alla Zona.

L'uso del **caffè liofilizzato** rimane condizionato alla sua composizione.

Per gli **infusi** e le **tisane** non ci sono particolari indicazioni. Se non sono dolcificati possono essere ritenuti a consumo libero, poiché costituiscono un ottimo espediente per assumere acqua, specialmente per le persone che faticano a raggiungere il quantitativo giornaliero consigliato.

Il vino, la birra, gli aperitivi e i superalcolici

Il **vino**, specialmente se rosso, non è proibito nella Zona. Va solo catalogato come fonte di carboidrati, e sotto questo aspetto conteggiato nel computo del pasto.

Un buon bicchiere di vino può allietare la tavola di chi apprezza questa bevanda, che in Italia vanta una pregevole produzione riconosciuta e apprezzata in tutto il mondo.

Si può quindi comporre il pasto di una donna o di un uomo medio, per quanto riguarda la quota glucidica, in questo modo: insalata libera, una buona porzione di verdura cotta, per esempio 380 g di fagiolini, un bicchiere di vino, per la precisione 120 g, un frutto piccolo tipo mandarino e, per l'uomo che in genere deve mangiare di più, anche un altro frutto piccolo tipo kiwi.

Analogamente la **birra** va considerata e conteggiata tra i carboidrati: un bicchiere, circa 180 g, costituisce 1 miniblocco di carboidrati. Poiché la gradazione alcolica varia in relazione al grado saccarometrico, cioè alla quota di zuccheri presenti nel mosto di birra prima della fermentazione, sono preferibili le birre a gradazione alcolica più bassa. Il quantitativo più considerato per la quota di 1 miniblocco di carboidrati si riferisce a una birra media.

Anche gli **aperitivi** sono da considerare fonti di carboidrati: 50 g costituiscono un miniblocco.

I **superalcolici** vanno usati con moderazione e anch'essi rientrano tra i carboidrati; i quantitativi però diminuiscono: ne bastano circa 30 g per costituire un miniblocco.

Tutte queste bevande vanno bilanciate con le proteine, se si vuole restare nella Zona: se si tratta dell'aperitivo, va accompagnato con pezzetti di parmigiano. Meglio evitare patatine, salatini, pizzette e orientarsi su fonti proteiche. Se non ci fossero, si può fare ricorso a una previdente scorta da tenere a portata di mano. Si può considerare uno spuntino prepranzo da recuperare sul resto del pasto, alleggerendolo di 1 blocco, o, se si preferisce, di un po' di tutto.

Se la birra e i superalcolici sono consumati dopo il pasto o la cena, al bar o in discoteca, vanno anch'essi considerati e bilanciati con proteine. Va bene qualsiasi fonte proteica a piacere, magari cercando la complicità del gestore che può incuriosirsi e trovare la un po' insolita richiesta una buona idea.

Se si pensa di non avere collaborazione, meglio tenersi il solito parmigiano a portata di mano (o in borsetta). Non dobbiamo aver paura dei commenti degli amici che, dopo una prova, troveranno l'idea fantastica, soprattutto valutando il loro benessere nelle 2 ore successive.

Questo spuntino va «recuperato» sul quantitativo di cibo della cena, che deve essere ridotto; oppure, se è tardi e si è vicini all'ora in cui si va a dormire, sullo spuntino serale, che si può abolire. Se gustato nel pomeriggio, va considerato come spuntino pomeridiano.

Il fruttosio

È lo zucchero contenuto nella frutta. Fa parte dei carboidrati, in particolare degli zuccheri semplici. Viene utilizzato molto rapidamente dall'organismo, che deve però prima trasformarlo in glucosio per poterlo usare come fonte di energia prontamente disponibile o immagazzinarlo come glicogeno.

È consigliato nella Zona perché ha un indice glicemico inferiore rispetto a quello dello zucchero di canna o di barbabietola, più largamente diffusi. Questi ultimi sono costituiti da saccarosio, un disaccaride composto da glucosio e fruttosio.

L'indice glicemico più favorevole di qualsiasi altra fonte naturale di zucchero colloca il fruttosio in una posizione preminente e consigliata per correggere il gusto di alcuni alimenti che non si vogliono assumere al naturale. Ciò non significa che vadano abolite altre fonti dolcificanti naturali come il miele, perché in questa sostanza sono contenuti preziosi micronutrienti, prediletti da molti appassionati del genere.

Ancora una volta si tratta di educazione alimentare: il miele si può prendere, ma si deve ridurne il consumo, perché essendo uno zucchero composto da glucosio e fruttosio in quantità variabili, ha un indice glicemico superiore a quello del fruttosio, che resta la fonte privilegiata.

Se si vuole dolcificare con miele, ci si deve attenere ai quantitativi indicati nella tabella degli alimenti (Appendice A), che rispecchiano la maggiore stimolazione insulinica indotta da questo alimento: cioè se ne può consumare meno, a parità di razione. Infatti, più un alimento è sfavorevole, meno se ne utilizza per costituire 1 miniblocco: il miniblocco di miele è dato da 1/2 cucchiaio, quello di fruttosio da 1 cucchiaio. Se li ordiniamo dai più favorevoli ai meno favorevoli, al primo posto c'è il fruttosio, che ha praticamente lo stesso sapore del comune zucchero ma un potere dolcificante leggermente superiore, poi il miele e per ultimo il comune zucchero raffinato.

All'occorrenza si possono preparare dolci, marmellate e sciroppi con il fruttosio, tenendo conto che addolcisce di più, ma non altera assolutamente il sapore consueto dei cibi.

Il fruttosio si trova in vendita in barattoli, ma anche in pratiche bustine da borsetta o da tasca.

Si consiglia di evitare altri dolcificanti o edulcoranti come l'aspartame, che nella scissione produce una sostanza tossica, il metanolo, che non giova alla salute. Poiché si può trovare sia negli edulcoranti da tavola, in compresse, bustine eccetera, sia in quei preparati che si annunciano come « senza zucchero », « light » o « diet », nel senso che non contengono saccarosio ma risultano ugualmente dolci proprio per la presenza di sostanze non sempre favorevoli alla salute, è bene non abusarne.

Attenzione quindi a caramelle, gomme da masticare, ma soprattutto a bevande (per le quali la dose di assunzione risulta più alta), che contengono dolcificanti non naturali.

La Zona in questo caso non consiglia solo un bilanciamento di macronutrienti, ma anche una scelta oculata.

La pasta

La pasta, costituita da farine, così come altri cereali, è tra i carboidrati sfavorevoli per la Zona. Cosa significa?

Significa che va consumata con moderazione, cioè non va mangiata a ogni pasto, ma neppure abolita.

Nelle prime 2 settimane di Zona sarebbe meglio farne a meno, per passare più rapidamente al cambiamento metabolico e per liberarsi dalla dipendenza dei carboidrati, che richiedono tanto più consumo quanto più se ne mangia. Per spezzare questo circolo vizioso che ha effetti nefasti sulla secrezione d'insulina, è sufficiente allontanarli dalla tavola per qualche giorno.

A molti sembrerà impossibile limitarne l'uso, ma se accordano, almeno temporaneamente, fiducia alla Zona, si stupiranno dei risultati. Molte persone lo hanno sperimentato: all'inizio sembra inconcepibile fare a meno della pastasciutta quotidiana, ma dopo poco tempo questa convinzione comincia a vacillare e non si pensa più di non farcela. Per finire, si arriva tranquillamente all'abitudine di mangiarne una volta ogni tanto, quando si pensa che ne valga veramente la pena, e senza quegli attacchi di bramosia... Addirittura può capitare, neppure raramente, che non se ne senta proprio il bisogno.

È una questione tanto fisiologica quanto psicologica: da una parte l'eccesso di carboidrati provoca l'eccesso d'insulina e la fame bramosa con dipendenza; dall'altra le abitudini e le consuetudini radicate confondono le necessità dell'organismo con quelle comportamentali.

Dopo il primo periodo di Zona, comunque, si può decidere di consumare la pasta tenendo a mente alcuni suggerimenti.

Innanzitutto se ne deve mangiare in un pasto un quantitativo adeguato, cioè secondo le dosi indicate nella tabella degli alimenti (Appendice A) e secondo il proprio fabbisogno in blocchi o la dimensione del proprio pugno. I mangiatori di pastasciutta, come all'estero sono identificati gli italiani, non si devono spaventare. Tale quantitativo sarà più che sufficiente a soddisfare la loro gola, dopo che si saranno « disintossicati » nei giorni precedenti dal pieno di carboidrati sfavorevoli.

Si potrà addirittura notare che non servono grosse porzioni di pasta per apprezzare un buon sugo, e si vedrà che le dosi della Zona non tolgono nulla a un piacere che rientra radicatamente nelle tradizioni gastronomiche italiane.

Provare per credere.

La pasta integrale è meglio di quella raffinata, come pure quella arricchita con proteine, che ha un indice glicemico più favorevole di quella normale.

La cottura deve essere ben controllata: è migliore quella al dente perché riduce l'assorbimento dei carboidrati che risultano, in questo modo, a indice glicemico più basso.

Secondo alcuni ricercatori un buon sugo proteico può contribuire ad abbassare ulteriormente la risposta insulinica, come anche i grassi che lo costituiscono. Quindi non resta che l'imbarazzo della scelta: pasta al tonno o ai frutti di mare, ai quattro formaggi o al ragù. Basta solo fare attenzione al tipo di grassi che si usano o che sono integrati negli ingredienti, ricordando che le migliori fonti sono l'olio extravergine d'oliva, i tagli magri di carne e i formaggi magri. In cucina o nel piatto si può calcolare precisamente o a occhio la quantità proteica e il contributo in carboidrati che danno il pomodoro o la passata di pomodoro, diminuendo di un poco, eventualmente, il quantitativo di pasta.

È bene ricordare che è preferibile la pasta condita con un po' d'olio piuttosto che scondita perché i grassi rallentano l'assorbimento e quindi la risposta insulinica.

Se il sugo non è proteico, si può completare il pasto pro Zona con un secondo piatto che contiene le proteine necessarie al proprio fabbisogno. Poiché probabilmente si esaurisce con la pasta la quota glucidica per quel pasto, non è possibile però mangiare altri carboidrati, se non quelli che, per il loro scarso apporto glucidico, sono considerati alimenti a quantitativo libero come la lattuga, i finocchi o i funghi.

Come si è visto la Zona non proibisce la pasta, ma esorta a conoscere bene questo alimento per usarlo con le dovute proporzioni e cautele perché rientra tra quei cibi che invita a trattare con attenzione.

Certamente è difficile accettare un'affermazione così controcorrente rispetto agli insegnamenti nutrizionali, che hanno diffuso una cultura alimentare già dimostratasi errata. L'esortazione era di consumare per lo più carboidrati complessi perché, come tali, inducono una risposta insulinica modulata. Ma l'introduzione negli anni Ottanta del concetto di indice glicemico e poi di quello di carico glicemico, ormai accettati e riconosciuti validi dalle maggiori e più autorevoli fonti scientifiche internazionali, ha imposto la necessità di rivedere proprio quei suggerimenti che una volta sembravano, ed erano, corretti per le conoscenze scientifiche note fino ad allora.

Oggi la Zona dimostra come sia possibile, anzi facile, applicare proprio i princìpi che rispondono alle attuali conoscenze e che hanno come scopo il miglioramento della qualità di vita dell'uomo.

La soia, l'avena e l'orzo

La soia e l'avena hanno importanza nella Zona per la loro forma costitutiva, che include preziosi elementi molto utili alla salute. L'orzo, pur essendo un cereale, rientra fra i carboidrati favorevoli perché ha un basso indice glicemico.

La **soia** è un alimento poco conosciuto e non molto diffuso tra gli italiani, ma il suo uso si sta estendendo sempre più, anche tra i non vegetariani. Infatti, finora, la soia è stata principalmente utilizzata da coloro che hanno fatto tale scelta alimentare perché contiene molte più proteine (in 100 g di fagioli secchi ci sono 36,9 g di proteine) che carboidrati (23,2 g in 100 g), e quindi risulta un'ottima fonte proteica per chi non vuole usare quelle di origine animale, in modo totale o parziale.

È ricca di estrogeni vegetali ed è una delle poche fonti alimentari di un particolare tipo di fitoestrogeni, gli isoflavoni.

Queste caratteristiche e alcuni studi epidemiologici condotti sull'isola di Okinawa, dove vivono individui la cui particolare longevità si pensa sia dovuta non solo all'elevato consumo di pesce, ma anche all'utilizzo di soia nell'alimentazione, hanno incrementato l'interesse dei ricercatori e li hanno indotti a indagare sui benefici effetti di questo legume.

Ulteriori verifiche sono in corso, ma sembra confermato che la soia possa:

1. diminuire il colesterolo;
2. migliorare i sintomi della menopausa;
3. diminuire il rischio di osteoporosi;
4. diminuire il rischio di patologie cardiache;
5. interferire su alcune forme tumorali.

Ricerche trentennali dimostrano la riduzione di livelli ematici di colesterolo in persone ipercolesterolemiche che usano proteine della soia, anche se non è chiaro se dipenda dalle sole proteine o dall'azione congiunta con gli isoflavoni.

Studi epidemiologici condotti su donne in postmenopausa avrebbero dimostrato gli effetti terapeutici della soia sulla densità ossea e sulla termoregolazione, oltre che sull'elasticità delle pareti arteriose.

Gli isoflavoni della soia sono in grado di inibire l'attività degli enzimi che controllano la crescita e il tipo di sviluppo cellulare. Alcuni, in particolare, ostacolano la proliferazione dei vasi sanguigni che supportano l'accrescimento tumorale.

Altre particolarità della soia sono l'effetto che produce

sulla diminuzione d'insulina e la modifica della sua azione ormonale, oltre alla stimolazione del glucagone, molto più accentuata che con altre proteine.

Tutto questo rende la soia, che è un alimento molto versatile, capace di assumere facilmente il sapore dei cibi che l'accompagnano – un'ottima fonte proteica non solo per i vegetariani, ma per tutte le persone che hanno a cuore la propria salute.

Quali sono le quantità necessarie per godere dei benefici effetti della soia? Non è facile stabilire una dose raccomandata specifica. Sembra che 25-30 g di proteine della soia al giorno possano bastare per diminuire i rischi delle patologie citate e per alleviare i sintomi della menopausa.

Si può mangiare sotto varie forme che derivano tutte dai fagioli di soia, da consumare anche come normali legumi.

Oltre agli hamburger, alle salsicce, agli arrosti, alla farina, all'olio, alle salse, ai formaggi variamente preparati eccetera, c'è il latte di soia, ovvero il liquido rilasciato dai fagioli immersi in acqua. Può essere utilizzato in sostituzione al latte vaccino o di derivazione animale.

Il tofu è una specie di formaggio ottenuto da un coagulo per addensamento del latte di soia. Può essere duro o morbido e si può mangiare anche alla griglia, spezzettato in insalate miste o usato per preparare salse.

Il tempeh è un alimento di soia tenero, usato tradizionalmente nella cucina indonesiana. Si può marinare e cucinare per consumarlo così o aggiungerlo a zuppe e stufati.

Il contenuto in isoflavoni è diverso a seconda che si consumi la farina di soia, il latte o il tempeh, che comunque ne contengono tutti in buona quantità. La salsa e l'olio di soia, invece, ne sono privi.

Poiché il contenuto nutrizionale di questo legume è costituito sia da proteine sia da carboidrati, è necessario, nel consumo nella Zona, tenere conto di questa duplice presenza per valutare correttamente il loro apporto di macronutrienti. Perciò i blocchi che quantificano un alimento con soia sono blocchi misti, con proteine e carboidrati, qualche volta formati da miniblocchi non omogenei.

Per esempio: 240 g di latte di soia contengono 1 miniblocco di proteine e 1,5 miniblocchi di grassi, ma nessun miniblocco di carboidrati che vanno quindi aggiunti, contrariamente al latte parzialmente scremato che è completo nei tre macronutrienti; 40 g di fagioli di soia bolliti costituiscono 2 miniblocchi di proteine, 1 miniblocco di carboidrati e 2,5 miniblocchi di grassi per cui, per raggiungere i quantitativi di 3 blocchi completi, si devono aggiungere 1 miniblocco di proteine, 2 miniblocchi di carboidrati e 1/2 miniblocco di grassi.

L'**avena** è un cereale che, con l'orzo e il frumento integrale all'origine, costituisce una fonte glucidica favorevole.

La Zona ne promuove l'uso per la sua abbondanza di fibre e perché contiene il GLA, così raro negli alimenti ma così prezioso per la salute, specialmente dopo i 30 anni, quando il corpo comincia progressivamente a produrne in minore quantità. Serve a produrre eicosanoidi, come si è già detto nel paragrafo «L'importanza degli Omega 3» (p. 50), e un opportuno equilibrio tra EPA (che proviene dai pesci) e GLA consente di modulare la loro formazione verso quelli buoni.

La dose media giornaliera di GLA è di 1-2 mg al giorno, che si raggiungono mangiando da 3 a 5 volte alla settimana l'avena.

È un cereale caduto in disuso alimentare in Italia, anche se non è mai stato abbandonato dagli estimatori che apprezzano il suo gusto delicatamente particolare. Si acquista nei supermercati e nelle erboristerie.

Può essere assunto in grani o a fiocchi, aggiunti così come sono al latte o alle minestre, calcolandone il contributo glucidico. La preparazione in grani è simile a quella del riso bollito e si utilizza al naturale oppure per insalate miste.

L'**orzo** è attualmente utilizzato per la preparazione di un prodotto simile al caffè, ma anche come alimento per comporre primi piatti. Apprezzato dalle persone amanti della varietà, è un cereale poco usato, ma che si può trovare senza difficoltà nei supermercati, da solo o associato ad altri cereali, che però non intessano la Zona. A volte si trova in confezioni associato alla soia. In commercio ne esistono 2 tipi: l'orzo mondo integro, privo solo dello strato più esterno indigeribile, e l'orzo perlato. Entrambi sono ottimi prodotti, ma il primo è migliore.

Può costituire un'alternativa a basso indice glicemico per coloro che amano il primo piatto o che hanno piacere a mangiare ogni tanto zuppe o minestre con cereali, che nella Zona potrebbero essere proprio avena e orzo, magari uniti a fagioli di soia.

I fuori pasto

I prodotti chiamati genericamente « fuori pasto » sono per consuetudine e per la maggior parte costituiti da dolci e da carboidrati sfavorevoli, come cracker, focaccine, pizzette eccetera.

La classica merendina, il gelato, il succo di frutta e le bibite non rispondono a reali necessità dell'organismo, e in più sono sbilanciati come contenuto in macronutrienti.

Dal punto di vista della Zona non sono solo inutili, ma anche dannosi perché apportano soprattutto carboidrati, che innalzano la quota calorica e stimolano la produzione d'insulina in modo rapido ma breve nel tempo, senza coinvolgere le risposte ormonali che servono a tenere a bada la fame per il periodo necessario. In pratica placano il languore, ma ne determinano di nuovo e a breve l'insorgenza.

Contemporaneamente innescano tutte quelle reazioni biochimiche sfavorevoli che seguono un eccesso d'insulina.

L'unico fuori pasto consentito nella Zona è lo spuntino bilanciato in macronutrienti, perché è più efficace e salutare.

Gli spuntini migliori sono quelli che privilegiano le fonti favorevoli di alimenti, ma a volte si può cedere a un desiderio e inserirlo in un proprio spuntino. Per esempio: se si ha voglia di un gelato o di un succo di frutta, si può aspettare l'orario della merenda e abbinarlo in quantità opportune a una fonte proteica come formaggio o prosciutto.

In questo modo c'è la soddisfazione di un desiderio che non è più necessario ignorare o mortificare, ma nello stesso tempo l'alimentazione è avvenuta correttamente dal punto di vista ormonale.

Le proteine aggiunte

La Zona stabilisce il fabbisogno giornaliero di cibo in base alla massa magra individuale e all'attività fisica svolta. Calcola quindi il fabbisogno proteico come necessità quotidiana di approvvigionamento per mantenere o costituire l'adeguata componente magra.

È per questo motivo che non si può e non si deve mangiare meno di quello che viene stabilito come quantitativo necessario dalla Zona. Può però capitare, per ragioni e circostanze varie, che sia difficile coprire tutta la quota proteica necessaria, mentre per quella glucidica è facilissimo perché queste fonti sono molto diffuse e quindi facilmente reperibili, specialmente se sono del tipo sfavorevole.

Con la consapevolezza che ciò può costituire un problema per la Zona, è bene organizzarsi per avere a portata di mano anche fonti proteiche, che devono essere il più possibile di provenienza « naturale », cioè devono far parte integrante di pesce, carni, formaggi eccetera. Ma per risolvere situazioni difficili può servire l'aiuto delle proteine aggiunte, che si trovano per lo più in polvere e si possono addizionare a latte, bevande, succhi, frullati, frappé, nonché verdure cotte e minestre.

Si possono utilizzare al mattino per bilanciare una colazione dolce, oppure per correggere i pasti di coloro che non vogliono mangiare altre fonti proteiche, non solo vegetariani, ma anche individui che non seguono alcun particolare regime alimentare e che, semplicemente, hanno trascurato l'aspetto proteico dei pasti e ne accettano fonti limitatissime. In questi casi particolari è importante innanzitutto sensibilizzare al consumo proteico attraverso una corretta informazione delle fonti «naturali», poi aiutarli a trovare le soluzioni migliori per loro e, se necessario, ricorrere alle proteine aggiunte.

Esistono in commercio anche compresse di proteine che possono risultare comode nei casi in cui la polvere risultasse sgradita.

Le proteine migliori dal punto di vista ormonale sono quelle della soia perché hanno meno influenza sull'insulina e stimolano di più il glucagone, cioè esaltano i traguardi metabolici della Zona. Il loro sapore può risultare ad alcuni poco gradevole, e sicuramente possono essere meno buone di quelle che provengono dall'albume d'uovo e dal siero del latte. Si può però provare a migliorarne il gusto miscelando le proteine della soia con altre più gradevoli.

Gli atleti che svolgono un'intensa attività fisica possono sostituire parte di queste proteine con un equivalente in amminoacidi a catena ramificata, specifici per limitare i danni alla massa muscolare provocati dall'allenamento.

8

I pasti nella Zona: come prepararli e quando consumarli

Come fare la spesa

Per preparare i pasti necessari a entrare nella Zona, bisogna innanzitutto provvedere a una spesa appropriata.

È sufficiente cambiare di poco la prospettiva con cui si fa la spesa, senza sconvolgimenti ma facendo attenzione alle etichette nutrizionali e a quelle degli ingredienti.

Il primo consiglio è di non fare mai mancare le fonti di proteine per le emergenze perché, se è facile trovare i carboidrati, specialmente se sfavorevoli come cracker e grissini, ci possono essere difficoltà a reperire le proteine, che in genere hanno una deteriorabilità più alta.

Si può ricorrere a una piccola scorta di formaggi a basso contenuto di grassi, ad affettati confezionati, uova e prodotti in scatola a lunga conservazione, tipo tonno e salmone.

Non devono mancare nella credenza l'olio extravergine d'oliva, la frutta secca, le olive, l'avena, l'orzo, le formelle di frumento integrale che si conservano a lungo e sono fonti privilegiate.

Tra i surgelati ci sono ottimi prodotti proteici che mantengono i loro valori nutrizionali pressoché inalterati, come pure le verdure. Quelle in scatola, invece, perdono alcuni micronutrienti, cioè vitamine e sali minerali. Vanno bene per le emergenze.

Se non si riesce a fare a meno di carboidrati sfavorevoli, è meglio che siano integrali e preferibilmente senza oli vegetali vari, strutto, burro, margarine e grassi idrogenati.

L'ideale per il consumo quotidiano, ovviamente, sono i prodotti freschi, che conservano inalterati i loro preziosi componenti. Frutta, verdura, pesce e carni bianche possono essere le fonti privilegiate della spesa, ma anche latte parzialmente scremato, yogurt bianco e formaggi magri.

Qualcuno consiglia di recarsi al supermercato dopo avere fatto uno spuntino, per non lasciarsi convincere dalla fame a comprare più del necessario, e suggerisce di allontanare dalla cucina tutti quei prodotti che non sono nella Zona, come merendine, biscotti, cioccolatini, caramelle e tutto ciò che può costituire una colpevole tentazione.

Come leggere le etichette nutrizionali

Come fare a utilizzare prodotti confezionati per costituire un pasto Zona? Come servirsi delle confezioni di surgelati o dei cibi in scatola? È semplice: basta leggere le etichette nutrizionali riportate sul prodotto.

Le indicazioni che seguiranno non devono spaventare coloro che vogliono interpretare la Zona in modo giusto ma pacato. Servono a chi interessa imparare ad applicare bene un metodo che si basa nelle sue espressioni più precise anche sui numeri che, per forza di cose, irrigidiscono la trattazione.

È bene ricordare che nella Zona le proporzioni ponderali ideali dei tre macronutrienti sono 9 g di carboidrati ogni 7 g di proteine e ogni 3 g di grassi. Cioè, ogni volta che si costituisce un pasto o uno spuntino si deve badare a comporlo rispettando queste proporzioni, le quali indicano il quantitativo di carboidrati, proteine e grassi che equivalgono a 1 miniblocco di ogni componente.

Queste proporzioni sono quelle rispettate dalla tabella in Appendice A che riporta l'elenco dei cibi con il relativo peso, corrispondente a 1 miniblocco ciascuno, fatta eccezione per i grassi. Infatti la tabella indica i grassi « aggiunti », non quelli totali, per cui si considera sufficiente il quantitativo di 1,5 g perché si ritiene che gli altri 1,5 g siano già presenti negli alimenti di origine proteica che si assumono nel pasto o nello spuntino.

Nelle etichette nutrizionali, dove si considera il quantitativo totale di grassi, si devono invece conteggiare i 3 g.

I numeri che servono per la lettura delle etichette nutrizionali, quindi, sono: 9 g per i carboidrati, 7 g per le proteine, 3 g per i grassi.

Su una confezione di filetti di salmone al naturale sono riportati, per esempio, questi valori per 100 g di prodotto sgocciolato:

Proteine 20 g
Carboidrati 0 g
Grassi 9 g

Innanzitutto si può notare come questa confezione sia una fonte di proteine e di grassi, non di carboidrati. A quanti blocchi corrisponde?

Poiché 1 miniblocco di proteine è costituito da 7 g, 20 g di proteine corrispondono a circa 3 miniblocchi. Infatti 20 : 7 = circa 3.

I grassi: poiché 1 miniblocco di grassi è costituito da 3 g, 9 g di grassi corrispondono a 3 miniblocchi. Infatti 9 : 3 = 3.

Ricapitolando: questa confezione di salmone può costituire un pasto da 3 blocchi per quanto riguarda le proteine e i grassi. Mancano però i carboidrati, che devono essere aggiunti, per esempio, completando il pasto con frutta e/o verdura per 3 blocchi, cioè con 3 miniblocchi di carboidrati che possono essere costituiti da 1 mela e 380 g di fagiolini (senza olio) oppure da 1 bicchiere di vino rosso (120 g) e 2 kiwi.

Ora un esempio più complesso: un pacchetto di würstel, che non costituiscono un buon prodotto nutrizionale perché sono una fonte proteica di pessima scelta per l'alto contenuto di grassi saturi. La loro confezione però è un esempio interessante. Per 100 g di prodotto:

Proteine 14,5 g
Carboidrati 0,5 g
Grassi 10 g

Per le proteine: 14,5 : 7 = circa 2 cioè circa 2 miniblocchi di proteine.

I carboidrati corrispondono a 1/18 di blocco (0,5 : 9 = 0,05), cioè praticamente sono inesistenti.

Per i grassi: 10 : 3 = circa 3, cioè circa 3 miniblocchi di grassi.

Poiché la confezione è di 7 pezzi e pesa 500 g, ogni würstel equivale a 70 g. Quindi se si mangiano 1 würstel e mezzo circa, si assumono 100 g di prodotto, che equivalgono a circa 2 miniblocchi di proteine, circa 3 miniblocchi di grassi e praticamente nessun miniblocco di carboidrati.

Se il pasto deve essere costituito da 3 blocchi, posso comporlo con 1 würstel e mezzo, con 1 altro miniblocco di proteine, per esempio formaggio magro (perché il quantitativo di grassi è già sufficiente per 3 blocchi), e con 3 miniblocchi di carboidrati a piacere tra frutta e verdura, come per esempio un piatto di minestra di verdura e 1 arancia.

Un altro esempio: su una confezione di formaggio molle, per 100 g di prodotto i contenuti sono:

Proteine 2,7 g
Carboidrati 0,7 g
Grassi 2,9 g

Si vede subito a occhio che 100 g di prodotto equivalgono a 1 miniblocco di grassi (2,9 g del formaggio). Proteine e carboidrati però non equivalgono a 1 miniblocco. Le soluzioni sono due: o si cambia formaggio, perché questo è sbilanciato verso i grassi, o si fanno sapienti integrazioni che non comprendano i grassi. In questo caso si possono mangiare 100 g di formaggio aggiungendo poco più di 1/2 miniblocco di altre proteine, per esempio 15-20 g di prosciutto cotto sgrassato (7 – 2,7 = 4,3, che equivale a poco più di 1/2 miniblocco di proteine) e quasi 1 miniblocco di carboidrati (9 – 0,7 = 8,3, che equivale a quasi 1 miniblocco di carboidrati), come potrebbero essere 3 albicocche. In totale, con le integrazioni, si ha uno spuntino da 1 blocco.

Ora un esempio diverso dai precedenti per la presenza di fibra in una confezione di fagioli di soia in scatola. In 100 g di prodotto:

Proteine 13,9 g
Carboidrati 8,2 g
Grassi 8 g
Fibra 5,3 g

Anche qui 100 g di prodotto contengono quasi 9 g di grassi, cioè quasi 3 miniblocchi di grassi (8 : 3 = 2,6, che equivalgono all'incirca a 2,5 miniblocchi di grassi). Invece le proteine ammontano a quasi 2 miniblocchi (13,9 : 7 = 1,98).

I carboidrati sono 8,2 g in 100 g di prodotto, ma contengono 5,3 g di fibra e così l'ammontare dei carboidrati diventa: 8,2 – 5,3 = 2,9, cioè approssimativamente 1/3 di miniblocco di carboidrati in 100 g di soia.

Se si vuole consumare un pasto da 3 blocchi, si deve mangiare poco più di 100 g di prodotto, per l'esattezza 110 g, per avere 3 miniblocchi di grassi, poco più di 2 miniblocchi di proteine e poco più di 1/3 di miniblocco di carboidrati. Ai 110 g di soia si devono aggiungere quindi quasi 1 miniblocco di proteine, per esempio 25 g di tonno, e 2 + quasi 2/3 di miniblocco di carboidrati, costituiti per esempio da frutta e verdura nelle opportune quantità.

Un ultimo esempio: una confezione di carne in scatola. Per 100 g di prodotto:

Proteine 12 g
Carboidrati 0,8 g
Grassi 1,6 g

La scatola contiene 90 g di prodotto.

È un alimento che contiene molte proteine, pochi grassi, pochissimi carboidrati. Le proteine ammontano a quasi 2 miniblocchi (12 : 7 = 1,71), i carboidrati a 1/10 di miniblocco (0,8 : 9 = 0,08), i grassi a quasi 1/2 miniblocco (1,6 : 3 = 0,53).

Perciò per costituire un pasto bilanciato pro Zona, per esempio i soliti 3 blocchi, si devono preparare poco più di 150 g di prodotto, cioè quasi 2 scatole a cui aggiungere, in pratica, integralmente 3 miniblocchi di carboidrati, per esempio la frutta e la verdura, e 2 miniblocchi e 1/2 di grassi monoinsaturi, come l'olio extravergine d'oliva, per condire le verdure o olive o noci nei quantitativi opportuni.

* * *

Dopo tanti calcoli che servono a una collocazione precisa del prodotto, è bene ricordare alcune regole pratiche, molto semplici, che possono risultare utili durante la spesa e la preparazione del pasto per non dover ricorrere alla calcolatrice!

La prima cosa da fare è individuare nel prodotto la fonte principale di macronutrienti, cioè se è principalmente fornitore di proteine, carboidrati o grassi. Poi guardare che i grassi non sbilancino troppo quell'alimento. I grassi non hanno effetto diretto sull'insulina, ma non devono comunque essere eccessivi. Oltretutto se si utilizzano fonti, per esempio proteiche, a basso contenuto di grassi, si possono usare in aggiunta quelli monoinsaturi, che sono preferibili nella Zona e che servono anche, dal punto di vista pratico, per condire l'abbondante verdura consigliata da questo piano alimentare.

Durante la spesa non sono necessari grandi calcoli, ma solo quelli approssimativi che servono a escludere i prodotti inadatti alla Zona, in genere quelli con un contenuto eccessivo di grassi o carboidrati. Tali calcoli di solito si effettuano le prime volte, mentre in seguito tutto diventa automatico per l'esperienza acquisita.

A volte può essere utile valutare se un alimento, per esempio una barretta che si consuma per comodità e quindi deve già essere bilanciata, risponda ai requisiti necessari per la Zona.

In questo caso si deve effettuare un rapporto tra proteine e carboidrati, osservando se il risultato si può collocare entro l'intervallo della Zona, cioè tra i valori 0,6 e 1.

Un esempio: nella composizione sono riportati i valori per barretta che sono per i carboidrati 22 g, per le proteine 14 g. Da cui si deduce che è una barretta nella Zona perché, effettuando il rapporto, ho un valore entro la Zona (14 : 22 = 0,63).

Sorge un'altra domanda: a quanti blocchi corrisponde? A circa 2 blocchi (14 : 7 = 2 per le proteine e 22 : 9 = 2,4 per i carboidrati, che sono un po' in eccesso, ma entro valori accettabili), se anche i grassi soddisfano questa situazione. In questo caso sì, perché ammontano a 6 g e quindi esattamente a 2 miniblocchi.

Durante la preparazione dei pasti con prodotti etichettati da tabelle nutrizionali, si ricorre ai calcoli e alle indicazioni prima riportate per sapere come integrare i cibi in modo da preparare un pasto bilanciato pro Zona. Ma questa operazione è necessaria solo durante le prime preparazioni pratiche perché poi ci si avvale dell'esperienza messa a punto.

Gli esempi esposti seguono le rigide metodiche matematiche a scopo didattico, ma non è indispensabile essere tanto pignoli. La precisione è una buona regola, però non deve essere interpretata come indispensabile da coloro che vogliono vivere la Zona con più libertà. Servirà soprattutto a chi ha importanti e ambiziosi obiettivi da perseguire.

Con un po' d'esercizio e di pratica si raggiunge la disinvoltura necessaria per trovare a colpo d'occhio, nelle etichette nutrizionali, le indicazioni più utili, dal punto di vista non solo qualitativo, come si è più volte invitato a fare, ma anche quantitativo.

Come cucinare gli alimenti

La cottura dei cibi è fondamentale per non alterarli e non privarli dei loro componenti nutrizionali: in generale, ciò coinvolge poco i macronutrienti, ma molto di più i micronutrienti, che al calore possono inattivarsi o disperdersi.

Per conservare al massimo le loro caratteristiche, devono quindi restare esposti al calore il meno possibile.

I metodi di cottura, a volte, cambiano alcune caratteristiche dei cibi, ma la Zona consente una certa flessibilità che non rende necessaria questa valutazione, se non in casi particolari riferiti a carboidrati sfavorevoli. Per esempio, ricordiamolo, le patate al forno hanno un indice glicemico più alto (121) di quelle fritte (107) che, a loro volta, l'hanno più alto delle patate bianche bollite (80).

Il modo migliore per preparare il pesce e le fonti proteiche che necessitano di cottura è al vapore, alla piastra o con procedimenti analoghi.

Si può usare anche la pentola a pressione, che consente un minor tempo di esposizione al calore, tenendo presente che però è più intenso, e quindi non adatto a tutte le preparazioni.

La cottura al forno consente l'uso di espedienti che limitano, a volte, la necessità di grassi. È il caso delle preparazioni al cartoccio o di quelle per le quali si può usare sul fondo della teglia un sottile strato di pangrattato anziché l'olio (per frittate, sformati eccetera).

Se si cuoce in padella, si può usare poco olio extravergine d'oliva e magari aggiungere successivamente un po' d'acqua. In genere non disturba il gusto, che anzi ci guadagna, specie se i quantitativi d'acqua sono distribuiti poco alla volta e con un coperchio si produce una sorta di cottura al vapore.

Le fritture vanno preparate il meno possibile, ed è bene usare l'olio extravergine d'oliva, che meglio di tutti resiste al calore, o in alternativa l'olio di arachidi. Si deve poi cercare di togliere il più possibile il grasso di cottura dai cibi, per esempio utilizzando la carta assorbente da cucina.

Per la cottura alla griglia, che consente l'eliminazione dei grassi, bisogna fare attenzione che non ci siano carbonizzazioni, perché sono molto dannose.

La cottura migliore per le verdure è al vapore, metodo che le rende più digeribili. La pentola a pressione consente, anche in questo caso, di snellire i tempi, ma implica alte temperature. Se invece serve la bollitura, essa deve avvenire in poca acqua, da recuperare eventualmente per preparare minestre ancora più ricche di sali minerali.

I vegetali si possono, in alternativa, cuocere anche al forno e in padella – sempre curando che la quantità d'olio sia la minima indispensabile – e con l'ausilio del vapore prodotto, anche qui, da piccole, graduali aggiunte d'acqua.

Le verdure vanno cotte al dente, cioè lasciate il meno possibile esposte al calore, perché quando si toglie la pentola dal fuoco la cottura continua ancora un poco.

I carboidrati sfavorevoli vanno cotti il meno possibile, in quanto la cottura protratta, in genere, innalza molto il loro indice glicemico.

Le uova stracotte sono sempre dannose: per esempio, nell'uovo sodo, bollito a lungo, intorno al tuorlo si forma un piccolo strato verdastro, che è solfuro di ferro.

Durante la cottura, ma anche a crudo, si possono utilizzare a piacere gli aromi, i gusti, le spezie e, senza esagerare, il limone. Via libera dunque a rosmarino, salvia, peperoncino, origano, maggiorana, noce moscata eccetera, che già in piccole dosi contribuiscono al gusto di una pietanza. Si può in questo modo evitare di usare i dadi per insaporire un piatto. Questi ultimi non hanno particolari controindicazioni se non per la possibile presenza di glutammato monosodico, un additivo che serve a dare sapidità al dado, sospettato di indurre male di testa, arrossamenti e persino vere e proprie crisi asmatiche.

L'associazione degli alimenti

Nella preparazione del pasto pro Zona, l'associazione dei cibi è importantissima. Non si può transigere su questa regola fondamentale, per cui ogni pasto o spuntino devono sempre essere costituiti da proteine, carboidrati e grassi.

Per il resto le scelte devono seguire solo il proprio gusto o la disponibilità degli ingredienti, privilegiando, se possibile, gli alimenti favorevoli. Nient'altro.

Chi si avvicina alla Zona e precedentemente ha seguito diete, deve dimenticare tutto quello che ha applicato in passato, con criteri che dissociano, associano o rendono esclusivi i cibi per ottenere determinati risultati. È necessario che il neofita si accosti a questo metodo con tutta la freschezza e disponibilità possibili per imparare le nuove regole. Altrimenti si corre il rischio, non così remoto, di mischiare le proprie conoscenze e di vanificare l'impegno profuso, a causa della confusione che crea la mescolanza dei concetti.

Per esempio, la dieta dissociata o qualsiasi altra dieta iperproteica vanno dimenticate, perché la Zona propone esattamente il contrario, cioè l'associazione controllata dei macronutrienti.

La Zona ha poche regole, ma vanno applicate per quello che sono, senza interferenze.

La colazione

Una buona giornata comincia con la colazione, che non deve mai essere saltata.

Questa cattiva abitudine, tipicamente italiana, mal si concilia con la Zona, che si prefigge di fornire all'organismo il cibo in modo terapeutico. Con il risveglio si incrementa l'attività metabolica, che deve essere supportata da un'adeguata alimentazione.

Chi è abituato a non sottovalutare questo pasto deve solo curarsi di bilanciare in modo corretto i suoi costituenti.

Chi invece liquida la colazione con un caffè, deve correggere questo sbaglio nutrizionale: a volte basta solo una piccola organizzazione.

La difficoltà più grande della colazione nella Zona consiste nel trovare la fonte proteica, che in genere è salata, per proporla a persone che, se fanno colazione, sono abituate a una scorpacciata di carboidrati: fette biscottate con marmellata o miele, brioche, biscotti, torte che accompagnano il caffè o il tè. Solo il latte, che contiene proteine già bilanciate con gli altri suoi costituenti, è una giusta fonte proteica, utilizzata nella abituale colazione all'italiana, ma non deve essere associato a uno sproporzionato e quanto mai abituale quantitativo di carboidrati.

Se non si riesce ad accettare la colazione salata, una soluzione può essere quella di organizzarla con 1 bicchiere di latte (1 blocco completo) da prendere con 1 miniblocco di proteine in polvere o in compresse (in genere 9 g) e 1 o 2 biscotti, a seconda del loro contenuto glucidico da valutare in base alle indicazioni date nelle etichette nutrizionali; si consumerebbe così 1 miniblocco di carboidrati che è in associazione con 1 miniblocco di grassi contenuti nei dolci. Al posto dei biscotti, carboidrati sfavorevoli, se ne possono usare altri equiparabili: 1/2 croissant, oppure 1 fetta biscottata con un velo di marmellata, o 1 fettina di torta, meglio se fatta in casa, magari con fruttosio e grassi favorevoli. Invece del latte si può usare lo yogurt bianco. In commercio, anche se raramente, se ne possono trovare tipi che addirittura hanno, in proporzione, più proteine che carboidrati, per cui necessitano di un bilanciamento, per esempio con aggiunta di marmellata. In questo modo si è costituita una colazione pari a 2 blocchi.

I frullati fatti in casa possono costituire una piacevole colazione dolce. Si può usare 1 bicchiere di latte (1 blocco completo) e aggiungere frutta a piacere (1 miniblocco di carboidrati), da bilanciare con 1 misurino di proteine in polvere o in compresse (1 miniblocco di proteine) e 1 noce o 6 arachidi o altro (1 miniblocco di grassi). Anche questa è una colazione da 2 blocchi.

Se invece non si hanno difficoltà con la colazione prevalentemente salata, le possibilità sono più numerose e varie. Non bisogna però partire dal preconcetto che non piace: si può provare.

Si possono usare uova (prediligendone l'albume), formaggi magri, prosciutti e affettati, salmone nelle varie preparazioni, olive, frutta secca, frutta fresca o, se è necessario, cracker o grissini nelle opportune quantità bilanciate. Ai prosciutti e agli affettati è meglio togliere il grasso visibile, perché costituito dai dannosi grassi saturi, e usare in aggiunta i preferibili grassi monoinsaturi delle olive, della frutta secca, dell'olio extravergine d'oliva.

Si può anche pensare di usare un alimento dal sapore originariamente salato come la ricotta e consumarla nelle svariate e diverse preparazioni che soddisfano i palati amanti sia del gusto dolce sia di quello salato. I quantitativi di ricotta che corrispondono a 2 miniblocchi sono notevoli (160 g) e ciò può allettare chi ama le grosse quantità. A questa fonte proteica va accompagnata la quota glucidica più appropriata in base alla ricetta, e i grassi, che potrebbero essere costituiti da granelle di frutta secca nelle proporzioni giuste. Un suggerimento: la ricotta è una delizia con l'aggiunta, assieme al fruttosio e alle noci, di una spruzzata di cannella.

Un'altra soluzione gradita e accettata anche da coloro che in genere non vogliono la colazione salata è il toast. Con 2 fette di pan carré, meglio se integrale o ai 5 cereali, e 60 g di imbottitura proporzionata a piacere tra prosciutto e formaggio, si ha una colazione da 2 blocchi completi. Se il formaggio usato è magro, basta aggiungere 12 pistacchi o 16 pinoli o altro a piacere per l'ammontare di 2 miniblocchi di grassi.

Lo si può accompagnare con un infuso, un goccio di latte o, per gli irriducibili, con caffè o tè.

Se la colazione deve essere più copiosa, si adeguino i quantitativi su questa base, per esempio aggiungendo 1 bicchiere di latte (1 blocco completo) al toast.

Il pranzo e la cena

Il pranzo e la cena sono gli altri pasti principali della Zona.

Dare istruzioni precise potrebbe essere fuorviante, perché la Zona si modella sui gusti individuali, e inoltre è talmente vasta e varia la gamma degli alimenti, che ognuno può trovare il modo più piacevole e insieme appropriato per stare nella Zona.

Non si deve pensare che servano particolari ricette per mangiare correttamente, secondo questo metodo alimentare: la fantasia gastronomica italiana può sbizzarrirsi ed esprimersi al meglio. Qualche chef sapiente si può cimentare in piatti elaborati e insuperabili. Alcune pubblicazioni si sono incaricate di fornire consigli culinari, e in questo stesso libro vengono riportate proposte per iniziare i principianti, ma tutto questo non deve ingannare: la Zona si applica alla vita di ogni giorno e alle proprie abitudini, senza richiedere preparazioni o ricette particolari.

È bene dire, però, che a ogni pasto una persona, anziché sedersi a tavola in modo disinteressato, deve decidere come « spendere » il proprio quantitativo di cibo.

In genere le proteine e i grassi si collocano facilmente, perché basta scegliere la fonte proteica e usare l'olio per condire le verdure, secondo le quantità opportune; ma i carboidrati, che consentono più tipi di composizione, richiedono maggiore attenzione, specialmente ai neofiti.

È proprio con questo macronutriente che una persona deve operare le scelte più elaborate: si vuole consumare più verdura o frutta? Si ha voglia di bere anche vino o birra? Si vuole usare la propria quota glucidica in pasta o pane? Oppure in un dolce? Dopo avere operato le scelte più gradevoli, si pianificano le quantità in base al metodo valutativo prescelto, a blocchi o a occhio.

Per esempio, un pasto da 3 blocchi per una donna media (per l'uomo variano solo le quantità, in genere superiori) può essere costituito da una fonte proteica (per esempio, petto di tacchino), asparagi, cicoria e un frutto grosso; ma anche, per quanto riguarda i carboidrati, da sola frutta o da sola verdura, se la voglia o la necessità lo richiedono.

Un altro esempio: una fonte proteica (per esempio, polpo)

fatta precedere da un minestrone e accompagnata da 1 bicchiere di vino (o birra), lattuga in insalata e 1 frutto piccolo.

Qualche altro esempio riferito a un uomo medio (4 blocchi), in cui si inserisce pasta o avena: fonte proteica (160 g di salmone), preceduta da 120 g di pasta pesata cotta oppure 200 g d'avena sempre pesata cotta, con finocchi crudi o cotti. Se si diminuiscono i quantitativi di pasta o d'avena, che possono risultare eccessivi, bisogna completare il quantitativo residuo di carboidrati con frutta e/o verdura.

In tutti questi esempi si considera l'olio extravergine d'oliva, che condisce le verdure, come fonte di grassi aggiunti, secondo le opportune quantità.

Un altro consiglio riguarda le verdure, che consentono grandi quantitativi. Non è necessario consumare tutta la quota corrispondente a 1 miniblocco del vegetale prescelto, se non se ne ha voglia: si può frazionare il quantitativo. Per esempio: una persona decide di mangiare cetrioli, come contributo alla quota glucidica del proprio pasto, ma non se la sente di consumarne 500 g, che corrispondono a 1 miniblocco. Deve rinunciare? Nemmeno per sogno.

Può mangiarne la metà e tenere presente nel proprio computo solo la frazione di miniblocco consumata, cioè 1/2 miniblocco. Completa quindi il pasto con gli altri carboidrati, con le proteine e i grassi. Per esempio, la quota glucidica di un pasto da 3 blocchi può essere composta in questo modo: 250 g di cetrioli (1/2 miniblocco) + 320 g di zucchine (1/2 miniblocco) + 1 mela (2 miniblocchi).

Il dolce costituisce una fonte di carboidrati sfavorevoli ma, se lo si vuole, lo si può inserire in un pasto Zona.

È molto semplice. Non si mangiano altri glucidi che non siano il dolce, fatta eccezione per un'eventuale insalata a quantitativo libero, senza esagerare con il condimento perché, in genere, nei dolci è già presente una quota di grassi.

La porzione di dessert non deve essere abbondante, ma contenuta in proporzioni che consentano comunque di apprezzarne il gusto. Per usare il metodo a occhio è bene considerarne un po' meno del volume del proprio pugno; invece per il metodo a blocchi i quantitativi sono quelli espressi nella tabella in Appendice A e da riferire alla propria quota glucidica per quel pasto.

Se un dolce non compare nella lista, si può facilmente desumere il suo quantitativo assimilandolo a uno di quelli elencati.

Poiché nella Zona si prevede e si consiglia un abbondante consumo di verdure, può essere utile fornire qualche suggerimento a coloro che hanno il problema di non riuscire a mangiare tutto.

In questo caso i correttivi da apportare riguardano i carboidrati, lasciando inalterate le proteine e i grassi: basta usare qualche espediente per non trovarsi in imbarazzo.

Si può, per esempio, ricorrere a quelle verdure dalla resa in glucidi più scarsa, come fagioli e lenticchie; oppure prevedere un maggior contributo di frutta, che ha un contenuto di carboidrati più elevato della verdura e quindi ne basta meno per colmare il proprio fabbisogno glucidico, dopo avere scelto magari anche una porzione di verdura.

Se invece il problema è opposto, cioè se si ha bisogno di grandi quantitativi di cibo per placare la propria bramosia alimentare, come succede a volte ad alcune persone che iniziano la Zona, si ricorra sempre alle verdure che, per i grandi quantitativi previsti, possono soddisfare qualsiasi richiesta di cibo, anche le più esigenti. Per fare un esempio che si basa sui quantitativi del metodo a blocchi: per costituire 3 miniblocchi di carboidrati si può ricorrere a 640 g di zucchine (1 miniblocco) + 500 g di cardi (1 miniblocco) + 380 g di fagiolini (1 miniblocco) + quei vegetali considerati a quantitativo libero per il loro basso contenuto di carboidrati, come la maggior parte delle insalate o i finocchi. Ovviamente non è necessario che il pasto, per la parte glucidica, sia costituito tutto in questo modo, corretto ma estremizzato, perché si può ricorrere, assieme alla verdura, anche ad altre fonti glucidiche, come il vino e la frutta; l'esempio serve per spiegare che nella Zona c'è comunque il modo per saziare anche le persone che inizialmente necessitano di grossi volumi di cibo.

Si può inserire sempre, a ogni pasto, ma senza obblighi che forzino le naturali e individuali inclinazioni alimentari, un'insalata a scelta, sia del tipo considerato a consumo libero, sia del tipo che va calcolato nella quota glucidica. A questa si può accostare una verdura cotta, in modo da fornire all'organismo sempre l'apporto dei costituenti peculiari dei vegetali cotti e di quelli crudi.

Per esempio, a pranzo e a cena si possono quindi mangiare, per quanto riguarda la parziale quota di carboidrati, lattuga e zucchine oppure scarola, pomodori e fagiolini, oppure indivia, ravanelli e melanzane; oppure ancora minestrone di verdura, cicoria e broccoli, nei quantitativi adeguati.

Come abbiamo visto, per condire le abbondanti verdure si può utilizzare 1 intero cucchiaio da tavola di olio, anche se nella tabella in Appendice A risulta un quantitativo inferiore come disponibilità per il proprio numero di blocchi. Questa affermazione, però, non deve essere letta come un'autorizzazione a «delinquere», cioè a esagerare, perché i grassi in eccesso vanno a costituire una scorta energetica di massa grassa.

La minestra di verdure appartiene ai carboidrati favorevoli perché costituita da verdure. Non importa se contiene anche carote e patate, che invece sono sfavorevoli, perché sono comunque scarse. Un piatto di minestra di verdure miste può contenere anche legumi; la quantità giusta è costituita da un piatto pieno, non troppo brodoso, che corrisponde a 1 miniblocco di carboidrati.

Il brodo di carne o di verdura, contenendo al massimo solo qualche componente proteico o glucidico che durante la bollitura è passato nell'acqua, si considera a consumo libero.

È meglio preferire la frutta consumata cruda che cotta, perché il calore di cottura altera i preziosi componenti.

Alle spremute è preferibile il frutto integro perché contiene le fibre che rallentano l'assorbimento degli zuccheri, abbassando l'indice glicemico. Sotto questo profilo, vanno ancor più limitati i succhi ottenuti dalla centrifugazione.

I formaggi sono suddivisi in tre fasce – buona, mediocre, pessima scelta – che rispecchiano il loro contenuto in grassi saturi. Nella composizione dei pasti e degli spuntini pro Zona, quelli della prima fascia necessitano dell'aggiunta di miniblocchi di grassi, nella misura corrispondente alle necessità di bilanciamento. Invece quelli appartenenti alle altre due fasce, cioè di mediocre e pessima scelta, non richiedono il supporto dei miniblocchi di grassi perché già loro ne contengono a sufficienza.

Questa considerazione va estesa anche alle carni fresche e trasformate di pessima scelta, alle sardine e all'anguilla e ad alcuni dolci indicati nella tabella in Appendice A.

Inizialmente si sarà portati a preparazioni semplici per paura di sbagliare: una fetta di pollo o di filetto di pesce, insalata, verdura cotta, frutta. Si terranno poi separati i macronutrienti, ben distinti in proteine, carboidrati e grassi, per non fare confusione.

A mano a mano che si fa esperienza con il metodo, si prende però più confidenza e ci si orienta con maggiore disinvoltura tra gli alimenti e i loro quantitativi.

Alcune persone organizzano piatti unici. Per esempio, preparano un'insalata di lattuga a cui uniscono pomodori, peperoni, sedano, finocchi, cavolfiori crudi, un po' di cipolla, tonno e formaggi per la quota proteica. Riescono così a quantificare senza fanatismi il contributo glucidico delle verdure e quello delle proteine, prevedendo la possibilità di completare il pasto anche con la frutta, se ne hanno voglia.

Non importa se non si mangia anche verdura cotta, perché questa è un'indicazione che serve a ottimizzare il pasto, non indispensabile ogni volta. Quindi non ci devono essere sensi di colpa o timori d'insuccesso se non si seguono tutti i consigli, sempre e a ogni costo: le indicazioni date vogliono fornire informazioni nutrizionali addizionali che servono alla migliore utilizzazione del pasto, non del metodo che può essere interpretato con minore o maggiore precisione, ma senza esagerazioni e con una oculata libertà.

A un certo punto si raggiunge una certa consapevolezza e si realizza che il modo di cucinare consueto, quello che si usava prima della Zona, può essere applicato facilmente a questo metodo: con la Zona si è solo diventati più informati e consapevoli delle valenze del cibo.

Si scopre pure che non si deve cucinare il proprio pasto separatamente da quello del resto della famiglia, che comunque potrebbe essere involontariamente e vantaggiosamente coinvolta; che non ci si deve privare di nulla; che si possono fare pasti piacevoli senza dovere rinunciare alla salute. Basta solo un po' di organizzazione.

È possibile allora preparare frittate miste di verdure oppure pesci e carni in svariate preparazioni, ma anche sformati di tutti i tipi, torte salate e moltissimi piatti della tradizione nazionale o regionale che costituiscono il vanto della cucina italiana nel mondo. Sarà facile, con l'esperienza acquisita, individuare la propria quota e il modo di valutarla.

Si può addirittura scoprire, con l'occhio sapiente di chi ha capito appieno la Zona, che molte ricette possono rivelarsi, se non già nella Zona, riconducibili a essa con poche e opportune modifiche.

Non sarà necessario ossessionarsi ed estremizzare il conteggio dei macronutrienti, ma basterà affidarsi alla flessibilità del metodo e alla perizia valutativa acquisita.

Gli spuntini

Gli spuntini servono a rispettare la seconda regola principale della Zona: la distanza tra i pasti, che non deve mai superare le 5 ore.

Per la verità un pasto dà un controllo ormonale per 4-6 ore, ma questo intervallo dipende da fattori variabili e difficili da valutare, per cui si preferisce stabilire il termine di 5 ore, che sicuramente consente di tenere sotto controllo l'organismo sotto il profilo ormonale.

Gli spuntini si inseriscono quindi ogni volta che, per forza di cose, passa più tempo del dovuto tra un pasto e l'altro, cioè passano più di 5 ore.

Per esempio: se la propria giornata inizia con la colazione alle 7 e prevede il pranzo per le 13, poiché l'intervallo è più di 5 ore è necessario prevedere uno spuntino, 2 o 2 ore e mezzo prima del pranzo, cioè alle 10.30-11, poiché uno spuntino da 1 blocco consente un controllo ormonale per 2 o 2 ore e mezzo.

Può quindi essere necessario dover consumare uno spuntino a metà mattina, un altro nel pomeriggio e l'ultimo prima di coricarsi. Se i primi due non sono indispensabili, perché dipende dalla distanza di tempo che intercorre tra colazione e pranzo, e tra pranzo e cena, quello serale è obbligatorio per tutti.

È costituito da 1 solo blocco e serve a tenere sotto controllo ormonale il corpo durante la notte, periodo in cui il metabolismo è rallentato e quindi non ha grandi necessità, dal momento in cui avviene la secrezione di GH, l'ormone della crescita, che, se trova un ambiente ormonalmente favorevole, esercita nel modo più efficace la sua azione di «brucia-grassi» più potente dell'organismo.

L'unica ipotesi che consente di saltarlo è quella di una cena tardiva o protratta fino a 2 ore prima di coricarsi. In questo caso la cena può essere più abbondante di 1 blocco, cioè della quota corrispondente allo spuntino serale che si salta.

Lo spuntino deve, come minimo, corrispondere a 1 blocco. È inutile sbocconcellare piccole quantità di cibo senza un programma preciso, pensando che quel poco non possa far danno. In questo modo si rischia di aumentare l'introito alimentare senza goderne i vantaggi ormonali. Infatti, affinché ci sia una risposta ormonale si deve assumere una quota minima pari a 1 blocco.

Tutte le altre volte che si rende necessario lo spuntino, va fatto, anche se non si ha fame. Anzi, è proprio questa la condizione migliore per mangiare, quando cioè i livelli d'insulina sono stabilizzati.

Non si deve neanche pensare, come qualche volta è successo, che, saltandolo, si mangia meno e quindi si dimagrisce di più, perché in questo modo sfuma il controllo ormonale che la Zona si propone di modulare: può succedere esattamente il contrario, cioè si può addirittura prendere peso; nel migliore dei casi sicuramente non si perde massa grassa.

Gli spuntini hanno quindi una grande importanza e non vanno sottovalutati.

La loro entità è varia, ma in genere corrispondono a 1 blocco che dà, come si diceva, un controllo ormonale di 2 ore o 2 ore e mezzo, a seconda se si è trattato di uno spuntino con cibi solidi o liquidi (per esempio, latte o yogurt) perché questi ultimi, a causa della maggiore superficie d'assorbimento, vengono assimilati più rapidamente di quelli solidi.

È meglio privilegiare sicuramente gli alimenti naturali, ma si può anche ricorrere ad alcuni « aiuti » che risolvono situazioni difficili e soprattutto non fanno saltare lo spuntino, come alcuni tipi di barrette debitamente bilanciate che agevolano chi, magari per lavoro o in particolari circostanze, non ne può fare a meno.

È bene organizzarsi in modo da tenere sempre a portata di mano, in ufficio o in automobile, nell'armadietto di lavoro o a casa, l'occorrente per uno spuntino, per non farsi cogliere impreparati dalla necessità e dovere rinunciare.

In caso di dimenticanza o di impossibilità a ricorrere a uno spuntino programmato, si può entrare in un bar e prendersi 1 bicchiere di latte oppure 1 toast di cui si butta una delle due parti di pane e si ripiega la rimanente in modo da avere il corrispettivo di 1-2 blocchi, da valutare a occhio. Oppure si può acquistare quello che più si ritiene opportuno: parmigiano, affettato, frutta, cracker, grissini eccetera.

Quando si viaggia o si è in vacanza può succedere spesso che sia difficile organizzare lo spuntino, per cui è meglio prevedere questa evenienza, mettendo in valigia una scorta di barrette sostituto di pasto (vedi Appendice A) da usare all'occorrenza.

Chi fa allenamento, come si è già detto, può ricorrere agli spuntini per migliorare l'efficacia dell'esercizio fisico: 1 blocco 30-45 minuti prima dell'inizio dell'impegno non fa consumare troppe energie nella digestione, ma crea l'ambiente ormonale adatto.

Dopo un allenamento anaerobico, entro un quarto d'ora, lo spuntino da 1 blocco controlla i livelli d'insulina in modo che non ostacolino l'azione del GH, che inizia la sua azione 15-30 minuti dopo il termine dell'esercizio anaerobico, riparando le microlesioni muscolari provocate dall'allenamento.

Alcune persone, in particolare atleti che devono consumare giornalmente molti blocchi, possono trovarsi nella necessità di dover fare spuntini più ricchi per quantità e frequenza.

Infatti, poiché i pasti non possono essere costituiti da più di 6 blocchi, altrimenti l'eccesso di cibo stimolerebbe comunque l'insulina, si ricorre allora a spuntini di più blocchi, e se necessario anche più frequenti, per assumere la giusta quantità giornaliera di cibo.

9

Promemoria sulla Zona

RICAPITOLANDO, la Zona è un metodo flessibile che permette di ottenere risultati apprezzabili anche se non si persegue una precisione troppo restrittiva o addirittura ossessiva. Lo stesso dottor Sears afferma che se si applica la Zona per il 75% delle volte si ha il 75% dei vantaggi.

Ma è corretto fornire tutte le indicazioni necessarie perché chi vuole usufruire appieno dei benefici della Zona possa farlo, rispettando fedelmente tutte le regole, da quelle principali ai suggerimenti secondari.

Dipende soprattutto dall'obiettivo che ci si pone: se si vuole solo perdere qualche chilo di troppo, è sufficiente riuscire a modulare l'insulina secondo le metodiche spiegate e qui schematizzate; se si punta al miglioramento o al mantenimento della propria salute, comprendendo anche l'effetto anti-età, si deve trovare la giusta misura d'applicazione, seguendo pure i suggerimenti, a seconda delle aspettative che si vogliono avere.

Premesso ciò, ecco un elenco delle regole, di cui le principali, già trattate, sono le prime due, ma tutte sono utili:

1. ogni pasto o spuntino deve essere costituito da tutti e tre i

macronutrienti, proteine, carboidrati e grassi, che vanno assunti nei quantitativi del metodo prescelto;

2. tra un pasto e l'altro non possono trascorrere più di 5 ore; se l'intervallo risulta più lungo, fare uno spuntino;
3. la colazione va consumata entro 1 ora dal risveglio;
4. l'ultimo spuntino va fatto poco prima di dormire;
5. gli spuntini vanno fatti anche se non si ha fame;
6. gli spuntini non possono mai essere costituiti da meno di 1 blocco;
7. fuori pasto prendere solo acqua o infusi e tisane senza fruttosio;
8. bere un quantitativo d'acqua non inferiore a 2-2,5 litri giornalieri;
9. non scendere sotto il quantitativo di blocchi stabilito per la propria massa magra e attività;
10. non mangiare più di 6 blocchi a pasto;
11. un pasto deve essere consumato senza troppo intervallo tra i costituenti, non più di 15 minuti;
12. non effettuare più di 2 assunzioni liquide di latte o yogurt al giorno;
13. limitare il più possibile l'uso del caffè;
14. se si dovesse sbagliare un pasto, ricominciare dal pasto o dallo spuntino successivo a mangiare nella Zona;
15. se necessario, è possibile frazionare i pasti in più spuntini debitamente intervallati.

Queste regole possono essere arricchite da un promemoria che serve a ricordare, per sommi capi, i concetti, i consigli e i suggerimenti della Zona:

1. orientare la propria scelta preferibilmente sugli alimenti favorevoli;
2. cercare di non comporre il proprio pasto con cibi tutti appartenenti al tipo sfavorevole, ma cercare di combinare per esempio una fonte proteica sfavorevole con una fonte glucidica favorevole;

3. consumare pesce almeno 2-3 volte alla settimana, scegliendo preferibilmente tra aringhe, sarde, sgombro, salmone, ma anche tra tonno, spigola, storione, orata;
4. se si sono superati i 30-35 anni, prevedere il consumo di avena da 3 a 5 volte alla settimana; molto utili anche le formelle integrali;
5. non superare il consumo di 2 uova intere a settimana, in più usare solo albume;
6. evitare le frattaglie;
7. il latte deve essere parzialmente scremato, lo yogurt bianco parzialmente scremato;
8. usare il fruttosio anziché lo zucchero o altri dolcificanti;
9. il vino a pasto, specialmente se rosso e in quantitativi moderati, non va necessariamente evitato;
10. è consigliabile mangiare a pasto una verdura cruda e una cotta;
11. rosmarino, salvia, maggiorana, origano e tutti gli altri aromi usati in cucina si possono utilizzare, come anche le spezie, ma in quantitativi moderati;
12. la cottura dei cibi preferita è al vapore, quando possibile;
13. evitare i cibi contenenti margarine, oli vegetali vari, grassi idrogenati, burro, strutto eccetera;
14. ai formaggi di discreta e pessima scelta, alle proteine di pessima scelta, alle anguille e sardine, ad alcuni dolci non vanno aggiunti i grassi perché ne sono presenti già molti nella loro composizione;
15. se si fa allenamento intenso consumare uno spuntino 30-45 minuti prima di cominciare e farne un altro entro 15 minuti dalla fine di esercizi anaerobici;
16. lo spuntino serale si può evitare se si va a letto dopo 2 ore al massimo dalla cena; altrimenti è obbligatorio;
17. l'autonomia dal cibo di 1 blocco è 2 ore-2 ore e mezzo, a seconda se è solido o liquido;
18. chiedersi dopo 4 ore dal pasto: come sto? Se tutto è OK, non si dovrebbe avere fame.

Trasgressioni

Come si è detto più volte, l'alimentazione pro Zona può diventare uno stile di vita, e il benessere che ne deriva è il più prezioso alleato della nostra salute.

Ma... errare è umano, e le tentazioni della cucina possono essere a volte irresistibili: non possiamo escludere, così, trasgressioni o cedimenti.

Può succedere di sbagliare il pasto perché non si hanno fonti appropriate a disposizione, oppure ci si accorge nelle ore successive di non sentirsi come si dovrebbe.

In genere le « sbandate » dalla retta via si manifestano come un generico eccesso di cibo, oppure come un'abbuffata di carboidrati sotto forma di pastasciutte, paste al forno, dolci eccetera. In entrambi i casi l'effetto ormonale è lo stesso: eccesso d'insulina.

La conseguenza sono i tipici malanni da « sbronza » d'insulina, cioè sensazioni di affaticamento, gonfiore, annebbiamento mentale a cui non si era più abituati. Non è uno stato piacevole, anche se probabilmente era molto familiare prima di cominciare la Zona.

Cosa succede se siamo usciti dalla Zona? Nulla, o quasi. È come cadere dalla bicicletta: ci si rialza e si riparte già dal pasto successivo, come dice il dottor Sears. Anzi, il biochimico americano invita addirittura a un'abbuffata mensile, a scopo dimostrativo, per ricordare l'importanza del cibo: saranno le sensazioni che si proveranno successivamente a convincere del suo potere sul proprio benessere.

Nella Zona non è necessario essere ossessivi, non si deve ricercare la precisione meticolosa. Se si sbaglia un pasto non serve fustigarsi con sensi di colpa: bisogna solo rimettersi nella Zona nel pasto o nello spuntino successivo. Certo, la Zona dà vantaggi minori se non viene seguita scrupolosamente, ma non è un metodo alimentare feroce. Eventuali sbagli o trasgressioni non possono causare danni gravi e irreparabili.

Essere nella Zona, inoltre, non significa privarsi dei piaceri della tavola, ma pianificarli.

Se si rientra in questa ottica, si riesce a capire meglio il metodo, che si può modellare sulle proprie abitudini e sui propri gusti, senza aver bisogno di trasgredire. Se si ha voglia di mangiare una pastasciutta, infatti, non è il caso di abbandonarsi a una trasgressione o, all'opposto, rinunciarvi. Basta limitarne il quantitativo, prepararla con gli accorgimenti di cottura e di condimento spiegati nel capitolo 8, rinunciare a qualsiasi altra fonte di carboidrati che non siano quelli liberi, a basso contenuto glucidico come, per esempio, la lattuga o altre insalate, e accompagnarla con una fonte proteica. In questo modo ci si toglie uno sfizio senza ricadere nel circolo vizioso dei carboidrati, sentendosi anche meglio.

Uguale discorso si può fare se la gola è tentata da un dolce. Basta limitarne il quantitativo e inserirlo in un contesto alimentare appropriato.

Ricordo che nei primi tempi in cui seguivo la Zona, mi recai da visitatrice al consueto appuntamento annuale, che prevedeva la premiazione della torta più buona tra quelle preparate artigianalmente dalle volonterose e bravissime mamme del paese. Inserii l'assaggio moderato dei «campioni» nel mio spuntino pomeridiano e lo integrai con del parmigiano che mi ero portata da casa. Attuai il metodo a occhio e non sbagliai di molto, visto che nelle ore successive mi sentii in forma come al solito: segno che ormonalmente ero, se non nella Zona, almeno nei pressi. Non avevo rinunciato né a una piacevole occasione di ritrovo, né all'assaggio, né alla Zona.

Ho sbagliato. Che fare?

Per capire se l'ultimo pasto è stato ormonalmente corretto si esamina la propria situazione a distanza di 4 ore e si valutano le sensazioni.

Se non si ha fame e ci si sente svegli, attivi e concentrati significa che non si sono commessi errori e che il pasto era ormonalmente giusto.

Se invece si ha fame, ma si è attivi e dinamici, significa che nell'ultimo pasto si sono mangiate troppe proteine rispetto ai carboidrati, per cui è necessario rivalutare le proporzioni di cibo consumato e apportare le dovute modifiche, come vedremo più avanti.

Può capitare invece di sentire fame e di provare anche sonnolenza: anche in questo caso significa che nell'ultimo pasto si è commesso un errore, ma questa volta esagerando con i carboidrati rispetto alle proteine. Un riesame individuerà l'errore.

È importante ricordarsi che non esiste al mondo un individuo uguale a un altro, e per applicare al meglio la Zona è necessaria una messa a punto del metodo per rispettare le differenze metaboliche soggettive, che possono essere notevoli tra un organismo e l'altro.

Come si diceva, la proporzione ottimale tra proteine e carboidrati, fissata al valore di 0,75, consente variazioni che vanno da 0,6 a 1, che sono i limiti della Zona. Entro questo intervallo si possono collocare tutte le diversità individuali che rispondono a necessità genetiche o di prestazione. In altre parole: è possibile che alcune persone raggiungano la Zona aumentando o diminuendo di un poco la proporzione tra carboidrati e proteine.

È quello che il dottor Sears chiama «messa a punto del proprio carburatore ormonale». Questa necessità diventa evidente soprattutto negli atleti che, oltre alla variabilità individuale, hanno differenti esigenze a seconda della specialità sportiva.

Tornando agli esempi precedenti: se una persona, a distanza di 4 ore dal pasto, si sente affamata ma attiva, significa che con il pasto precedente ha raggiunto livelli troppo bassi d'insulina, per cui il cervello segnala fame anche se le cellule ricevono adeguati quantitativi energetici di glucosio; se invece, oltre che affamati, si è assonnati, significa che il pasto ha stimolato eccessivamente la secrezione d'insulina.

Nel primo caso, in cui si sono assunte troppe proteine rispetto ai carboidrati, in occasione di un pasto analogo o tendenzialmente analogo, basterà aumentare di un poco l'apporto di carboidrati per assecondare le richieste del proprio « carburatore ».

Nel secondo caso, in cui si sono mangiati troppi carboidrati rispetto alle proteine, basterà ridurre i glucidi per una quota pari a 1 miniblocco, lasciando inalterate le proteine.

Con queste modifiche si potranno raggiungere i quantitativi ottimali per il proprio organismo.

10

Mangiare fuori casa e in occasioni speciali

La prima regola da osservare fuori casa è quella di individuare la fonte proteica, ovunque ci si trovi, per costituire un pasto il più possibile bilanciato in proteine e carboidrati. Mentre questi ultimi si reperiscono facilmente, le fonti proteiche sono in quantità ridotte, ma più che sufficienti per la Zona. Si tratta solo di fare attenzione alle giuste proporzioni tra i quantitativi proteici e glucidici; i grassi non sono un problema.

Per restare nella Zona basta applicare il metodo a occhio. In questo modo non si fa una valutazione quantitativa precisa, ma non ci si discosta molto. È quello che serve per restare nella Zona, senza rinunciare a piacevoli o necessarie occasioni.

Per quanto riguarda i quantitativi, questi non dovrebbero superare il limite corrispondente a 6 blocchi, altrimenti l'insulina verrebbe comunque stimolata dall'eccesso di cibo. Ma questa quota è così alta che non sarà difficile osservarla.

Se il pasto fosse più abbondante del solito, si può cercare di recuperare i quantitativi sul resto della giornata, senza ignorare e trasgredire la regola delle 5 ore, ma riducendo, per esempio, il quantitativo nell'altro pasto. Non serve dunque saltare la cena, se è stato il pranzo l'occasione dell'eccesso di cibo, anzi si ricorda che il digiuno è deleterio per la Zona: sarà sufficiente mangiare meno.

Al ristorante, al self service e alla tavola calda

Non è consigliabile sedersi a tavola affamati o alla scadenza delle 5 ore tra un pasto e l'altro. Per evitare questa antipatica situazione è meglio fare uno spuntino prima di arrivare al ristorante, anche perché non si sa mai se il servizio al tavolo sarà puntuale o riserverà degli imprevisti.

A tavola non si deve cominciare a sgranocchiare né il pane né i grissini che sono a portata di mano perché in questo modo si sprecherebbero i carboidrati che si hanno a disposizione.

Se l'occasione prevede gli antipasti, individuare e scegliere quelli che costituiscono fonte proteica, per cui evitare pizzette, bruschette, polentine, vol-au-vent, sfogliatine, tartine, ma concentrare la propria scelta, senza esagerare, su alimenti proteici costituiti, per esempio, da carni, pesci, molluschi, frittatine eccetera. Se il quantitativo proteico raggiunto con l'antipasto non è eccessivo, si può integrare con un secondo piatto, ma dopo avere deciso come « spendere » i carboidrati permessi: se nel primo piatto, nelle verdure, nella frutta o nel dolce. La Zona consiglia l'ipotesi di mezzo, ma a volte può capitare che non ci sia a disposizione una sufficiente quantità di queste fonti o che si scelga diversamente.

Se si preferiscono la pasta o le lasagne, o il riso o la polenta, se ne determina la quantità con la misura del proprio pugno; non resta però la possibilità di nessun'altra fonte glucidica, se non un'insalata tipo lattuga. Uguale discorso se, invece del primo piatto, si sceglie il dolce, che non deve essere abbondante (meglio se mezza porzione), così si ha l'opportunità di degustare anche un calice di spumante.

A volte può essere necessario o piacevole consumare in questo modo la propria quota di carboidrati perché invitati a una cerimonia, un matrimonio, un battesimo e si è sollecitati a festeggiare con la torta e il brindisi.

Se si opta per la verdura e la frutta, si può anche contemplare la possibilità di bere un buon bicchiere di vino, meglio se rosso.

Si consiglia di pianificare il proprio pasto al ristorante fin dall'inizio, informandosi se c'è disponibilità di verdura e frutta, nel caso sia questa la scelta fatta per consumare i carboidrati, tenendo conto nello stesso tempo delle possibilità per regolarsi sul resto.

I grassi non costituiscono un grande problema perché se si sceglie la verdura si userà olio per condire; se invece si preferisce il primo piatto o il dolce, saranno i grassi del sugo o del dessert a completare il pasto nella Zona.

In mezzo a queste indicazioni possono essere contemplate tutte le possibilità « a metà »: se non piace il vino o lo spumante si può mangiare anche un assaggio di pasta o un po' più di dolce; se non si ha desiderio di dessert si può abbondare, per esempio, in altri carboidrati a piacere, secondo la voglia o il gusto.

Se l'occasione al ristorante non è formale e si può scegliere in libertà, invece, l'ideale è saltare il primo piatto e ordinare un secondo proteico con verdura e frutta secondo i quantitativi del metodo a occhio. Si può anche considerare la possibilità di un bicchiere di vino o del dolce, secondo i quantitativi già esposti.

Questa può essere l'evenienza più familiare ai molti lavoratori che consumano il loro pranzo fuori casa, al ristorante, al self service o alla tavola calda. Con questa semplice regola, non faticheranno a seguire la Zona.

Nei self service ovviamente è più semplice, perché le possibilità di scelta sono a vista e consentono la pianificazione del pasto con maggior facilità, potendo valutare di persona la qualità e la quantità dei cibi.

In pizzeria

Giovani e meno giovani amano ritrovarsi in pizzeria e gustare il piatto tipicamente italiano che ha conquistato il mondo.

Si può restare nella Zona mangiando una pizza? Sicuramente sì, se si adottano alcuni semplici accorgimenti.

Una **pizza Margherita** intera equivale a circa 9 miniblocchi di carboidrati e a 3 miniblocchi di proteine e grassi. Mangiata in questo modo è squilibrata in macronutrienti, oltre che eccessiva come ammontare totale di blocchi. Per iniziare l'opera di bilanciamento, si può tralasciare di mangiare il bordo o, se piace proprio quello, si può trasferire la parte proteica alla periferia ed evitare di mangiare la pasta del centro. Così si riduce il quantitativo dei carboidrati a 6 miniblocchi circa, che sono sempre molti per un pasto medio, ma che non superano la quota massima totale indicata dal dottor Sears, oltre la quale si stimola eccessivamente la produzione d'insulina. Poi si può continuare il bilanciamento dei glucidi con le proteine e i grassi ricorrendo a una fonte che ammonti a circa 3 miniblocchi. Un piatto di affettati o di formaggi o un'insalata di mare, per esempio, che non mancano mai in una pizzeria, consentono questo bilanciamento. Si può anche ricorrere ad alcune proposte di antipasti proteici.

In totale, per la maggior parte delle persone si è costituito un pasto abbondante, ma bilanciato. Una volta ogni tanto è concesso.

Se si conosce il pizzaiolo o si riesce a convincerlo a farcirla con molte proteine (a piacere: tonno, prosciutto, rinforzo di formaggi eccetera), la pizza può essere sufficiente così com'è, ma sempre senza bordo: è necessaria una valutazione approssimativa che non corrisponde più al proprio palmo (per le proteine) per coloro che in genere consumano 3-4 blocchi a pasto, ma è superiore, perché deve equivalere a una quota di 6 miniblocchi di proteine.

Sono quindi consigliati i vari tipi di pizza che hanno abbondanza di proteine o consentono un rinforzo proteico, mentre sono meno consigliate quelle che hanno grassi saturi in abbondanza (per esempio, il lardo) o prevedono l'uso di altri carboidrati (per esempio, le verdure), perché andrebbero ad aumentare la quota glucidica già così alta. Per la loro valutazione approssimativa, ma non per questo inaffidabile, si devono tenere presenti le considerazioni fatte per la pizza Margherita, che può restare il piatto di riferimento.

Un altro modo per gustarsi la pizza può essere quello di mangiarne metà – o di farsene preparare una piccola, come è previsto in alcune pizzerie – (circa 4 miniblocchi di carboidrati e 1 e 1/2 di proteine e grassi). Anche in questo caso è sufficiente integrare con una fonte proteica pari a circa 3 miniblocchi per consumare un pasto corrispondente a 4 blocchi.

Curando il bilanciamento proteico, automaticamente si cura anche quello lipidico, assicurato dai grassi che accompagnano le proteine e dalla spruzzata finale di olio.

Perciò nella Zona si può mangiare la pizza; bisogna solo curare il bilanciamento tra proteine e carboidrati, che è più importante dell'occasionale eccesso quantitativo, se quest'ultimo è contenuto entro i 6 blocchi circa.

In viaggio

In viaggio può capitare di doversi fermare in autostrada per consumare il proprio pasto o per fare una pausa rigeneratrice.

Se il motivo per cui si fa una sosta è il pranzo o la cena, e si sceglie uno dei numerosi autogrill a disposizione sulla rete autostradale, che prevedono soprattutto il self service, non è difficile orientarsi per restare nella Zona, perché si possono tenere presenti i consigli dati per il ristorante.

In ogni caso si può prendere un secondo piatto con verdura, poi frutta o macedonia, oppure un piatto di affettati o formaggi, sempre con verdura e frutta. In tali circostanze è necessario valutare l'apporto proteico che può essere insufficiente (se inferiore al proprio palmo come estensione e spessore) e integrare adeguatamente.

Se, per esempio, si scelgono le insalate miste di lattuga e pomodori con olive e tonno o mozzarella o uova, può essere insufficiente il quantitativo totale di macronutrienti, per cui è bene effettuare le dovute integrazioni. Per esempio: prendere queste insalate, ma anche un piatto di affettati e della frutta un po' abbondante o ancora altra verdura e frutta. Si può anche tenere in considerazione un bicchiere di vino o birra, se piace, e inserirlo adeguatamente (per esempio, mangiando un frutto piccolo anziché grosso) poiché corrisponde a 1 miniblocco di carboidrati.

Se invece si vuole ricorrere ai panini per il proprio pasto o spuntino, non c'è che l'imbarazzo della scelta.

I posti di ristoro in autostrada presentano una gamma abbastanza uniforme sul territorio nazionale, per cui si può individuare, tra le possibilità esposte di seguito, quella confacente ai propri gusti e alle proprie necessità.

In tutti i casi si devono apportare delle modifiche che sono indicate singolarmente.

Camogli (focaccia, formaggio e prosciutto): corrisponde a circa 4 blocchi se si toglie una fetta di focaccia.

Rustico (pancetta, provola affumicata, pomodoro, origano): corrisponde a circa 3 blocchi se si toglie una fetta di pane.

Cotoletta (cotoletta di pollo o tacchino): corrisponde a circa 3 blocchi se si toglie una fetta di pane.

Capri (prosciutto cotto, mozzarella, lattuga, pomodoro, origano, maionese): corrisponde a circa 3 blocchi se si toglie una fetta di pane.

Vesuvio (prosciutto crudo, mozzarella, pomodoro): corrisponde a circa 3 blocchi se si toglie una fetta di pane.

Crudo (prosciutto crudo): corrisponde a circa 2 blocchi se si toglie una fetta di pane.

Mortadella (mortadella): corrisponde a circa 2 blocchi se si toglie una fetta di pane.

Olivia (focaccia con olive, prosciutto cotto e mozzarella): corrisponde a circa 3 miniblocchi di carboidrati e a 2 miniblocchi di proteine e grassi se si toglie una fetta di focaccia. Per bilanciarla va integrata con 1 miniblocco di proteine e grassi, per esempio 20 g di parmigiano, che si trova al negozio dell'autogrill. Totale: 3 blocchi.

Positano (prosciutto crudo, mozzarella, basilico, origano): corrisponde a circa 3 miniblocchi di carboidrati e a 2 miniblocchi di proteine e grassi se si toglie una fetta di pane. Per bilanciarlo va integrato con 1 miniblocco di proteine come sopra. Totale: 3 blocchi.

Caprese vegetariano (mozzarella, pomodoro, origano): corrisponde a circa 2 miniblocchi e 1/2 di carboidrati e a 1/2 blocco di proteine e grassi se si toglie una fetta di pane. Per bilanciarlo va integrato con 2 miniblocchi di proteine e grassi, per esempio 40 g di parmigiano o 60 g di prosciutto cotto o 50 g di prosciutto crudo o speck. Se gli affettati sono magri, è opportuna un'aggiunta di grassi, come 6 olive o 2 noci. Totale: 2 blocchi e 1/2.

Emiro vegetariano (mozzarella, melanzana, peperoni, basilico): corrisponde a circa 2 miniblocchi e 1/2 di carboidrati e a 1 miniblocco di proteine e grassi se si toglie una fetta di pane. Per bilanciarlo va integrato con 1 miniblocco e 1/2 di proteine e grassi, per esempio 30 g di parmigiano o 45 g di prosciutto cotto o 40 g di prosciutto crudo o speck, come sopra. Totale: 2 blocchi e 1/2.

Rustichella (se mediterranea: piadina, formaggio e passata di pomodoro; se classica: piadina, formaggio e prosciutto): corrispondono entrambe a circa 4 miniblocchi di carboidrati e a 3 miniblocchi di proteine e grassi se si toglie una fetta di piadina, che però non è agevole rimuovere. Per bilanciarle vanno integrate ciascuna con 1 miniblocco di proteine e grassi, per esempio 20 g di parmigiano o 30 g di prosciutto cotto, come sopra. Totale: 4 blocchi.

Toast: corrisponde a circa 1-2 blocchi completi – da valutare a occhio a seconda della grandezza – se si elimina una fetta di pan carré.

Tramezzino: è quasi integralmente costituito da carboidrati e grassi, 4 blocchi per la precisione, per cui, se si vuole consumare, deve essere praticamente integrato con altrettanti blocchi di proteine.

Tra queste scelte, le più sconsigliate sono quelle ricche di grassi saturi, cioè quelle che presentano grasso visibile nelle parti proteiche. Perciò i panini con pancetta e mortadella sono bilanciati secondo le indicazioni, ma sconsigliati perché ricchi di grassi saturi.

Le indicazioni riportate sono il più possibile precise perché devono costituire una base su cui effettuare le proprie scelte, ma non devono essere interpretate in modo rigido e maniacale. Quando si deve mangiare fuori casa, l'importante è non fare sbagli clamorosi, ma non è necessario vivere le proprie scelte in modo angoscioso o troppo preciso per restare nella Zona. A dimostrazione di ciò, sta il fatto che non ha alcuna importanza se in certe occasioni non si mangiano frutta e verdura, pesce o avena, che sono considerati importanti nella Zona, ma addirittura panini, che hanno come costituente base il pane, neppure se è integrale, che è tra i carboidrati più sfavorevoli. In questi casi l'attenzione va posta principalmente sul bilanciamento, per non andare fuori Zona, perché al resto si pensa già durante tutti gli altri pasti.

Una regola evidente e costante per il bilanciamento è la necessità di eliminare una delle due parti che costituiscono la fonte glucidica, cioè il pane. È questo un espediente utile, in genere, con i panini e i toast che si comprano già preparati. Per il resto si può cercare di avvicinarsi il più possibile: l'occhio prima e l'esperienza poi daranno il loro contributo a non sbagliare.

Al picnic

È facile seguire la Zona anche in occasioni speciali, come un picnic. Non è necessario preparare cibi particolari, ma solo badare alle proporzioni di proteine, carboidrati e grassi. Vanno bene i panini, che possono essere preparati in modo bilanciato, cioè, per esempio, a 30 g di pane, meglio se integrale, devono corrispondere 60 g di prosciutto cotto o 50 g di prosciutto crudo o 70 g di mozzarella. In questo modo il panino corrisponde a 2 blocchi completi. È ovvio che si possono preparare tutti i multipli di queste quantità. In pratica, a occhio, i panini risulteranno piacevolmente gonfi del loro ripieno.

Si possono consumare anche tutte le insalate con pollo, tonno, uova, formaggi e verdure varie. Non è il caso di angosciarsi a quantificare in modo scrupoloso ciò che si mette nel piatto, perché sarà sufficiente affidarsi al proprio occhio attento per non sbagliare. Bisogna tenere presente che, mentre i carboidrati sono sempre abbondantemente disponibili, le proteine vanno reperite con cura e attenzione per creare un bilanciamento corretto.

Frittate, affettati e arrosti potranno essere accompagnati da verdure o frutta, ma anche da un buon bicchiere di vino, se qualche volontario ha provveduto al suo trasporto.

A volte picnic significa anche possibilità di cuocere alla brace e alla griglia. Questa è un'occasione ghiotta per creare con disinvoltura il proprio pasto restando fedeli alla Zona: consumare una quantità di carne o pesce pari al proprio palmo, come estensione e spessore, e gustarsi della verdura alla griglia. Inoltre, con questo metodo di cottura, si tolgono facilmente i grassi saturi, rendendo la fonte proteica maggiormente favorevole. È necessario, tuttavia, non mangiare le parti carbonizzate.

Si potrà completare il pasto con frutta secca, che va a coprire l'eventuale necessità di bilanciamento dei grassi.

Al bar

Può sembrare un problema ricorrere al bar perché non si sa cosa prendere per restare nella Zona. Invece può rivelarsi una situazione utile, se si considera questa opportunità un'occasione per fare il proprio spuntino. Probabilmente non si riusciranno a consumare i carboidrati favorevoli, perché può essere inopportuno mangiare un frutto mentre gli altri prendono un caffè al banco, ma a parte questo è facilmente possibile restare nella Zona.

Si può prendere un bicchiere di latte delle dimensioni che suggerisce l'esperienza acquisita a casa: in questo modo si fa uno spuntino da 1 blocco. Oppure si può ordinare un cappuccino (1 blocco), o ricorrere al succo di frutta o alla spremuta d'arancia o di pompelmo accompagnandola con un pezzetto di parmigiano, che è di rapido consumo e che può stare in tasca o in borsetta. I quantitativi si possono tranquillamente dosare a stima, che sarà tanto più valida quanto più supportata dall'esperienza acquisita, per esempio, a casa. Del resto basta fare una volta queste «prove», poi valgono per sempre.

Se al bar si va per l'aperitivo o per una birra dopo cena, si integra la bevanda con una fonte proteica, che può sempre essere il parmigiano o una delle proposte che in genere accompagnano gli aperitivi, curando di scegliere solo quelle proteiche, perché entrambe le bibite rientrano tra i carboidrati.

In questo modo si considera il consumo di uno spuntino

equivalente a 1 blocco, da recuperare sul quantitativo giornaliero, cioè diminuendo, per esempio, di 1 blocco il proprio pranzo o la propria cena.

In albergo e in crociera

Anche in albergo o in crociera non è difficile restare nella Zona, a dispetto delle tentazioni scatenate dalla bravura gastronomica di cuochi che, per professionalità e dovere, mirano a rendere piacevole, a volte addirittura opulento, il soggiorno dal punto di vista culinario: è più facile avere approvazione da chi è soddisfatto dalla gola che dalla propria salute alimentare! A ogni pasto possiamo comunque gustare le specialità, che non sono proibite nella Zona, ma che vanno valutate dal punto di vista nutrizionale.

Basta riflettere un attimo per costituire il nostro pasto in modo bilanciato e non troppo abbondante.

Possiamo anche concederci una trasgressione «programmata» e abbandonarci a un capriccio alimentare. Forse nelle ore successive non ci sentiremo così bene, ma sarà utile per ricordare il valore del cibo.

Le situazioni alberghiere sono riconducibili a due possibilità di base, che si evidenziano soprattutto nella colazione.

In un primo caso, facilmente riscontrabile anche in crociera, la scelta dei cibi è vasta e offre già dal mattino un buffet ricco e vario in cui trovare le proprie fonti proteiche con affettati, formaggi e uova cucinate in vari modi (attenzione a non consumare troppi tuorli in tutto l'arco del soggiorno), a cui accompagnare frutta fresca o macedonia; oppure yogurt e latte, che costituiscono fonti di proteine, carboidrati e grassi già bilanciati, anche se non si sa se sono parzialmente scremati e quindi sicuramente nelle giuste proporzioni di macronutrienti: non è il caso di darsene preoccupazione, ma vanno considerati come tali. Si trovano anche salsicce, würstel e bacon, che si possono consumare con moderazione, essendo fonti proteiche sfavorevoli. Se si utilizzano questi alimenti, i grassi non devono essere aggiunti alla propria colazione perché sono già presenti in abbondanza, mentre sono necessari con gli affettati e il formaggio, se sono magri. Se si sa o si teme di non reperire olive, nocciole o mandorle in albergo o in nave, si possono portare da casa, visto il loro minimo ingombro.

Il resto dei pasti può essere riconducibile alle situazioni previste al ristorante, cui si rimanda.

Poiché il soggiorno fuori casa magari si protrae per svariati giorni, è bene cercare di non esaurire frettolosamente e sommariamente la necessità della quota glucidica sempre o troppo spesso con i comodi carboidrati sfavorevoli, ma fare in modo di assicurarsi verdura e frutta e, se le possibilità a disposizione fossero carenti, richiedere al personale di procurare queste fonti.

In un secondo caso, la scelta è più scarsa, se non insufficiente, per cui è necessario organizzarsi. Innanzitutto è meglio chiedere il tipo di colazione previsto dall'albergo, essendo proprio questo il pasto cruciale, quello che è più difficile gestire in questi casi a causa delle abitudini correnti che prevedono il consumo di molti, se non addirittura esclusivi, carboidrati.

Infatti brioche, fette biscottate, panini, biscotti, marmellata, miele, creme spalmabili al cioccolato e dolci di ogni tipo accompagnati da tè o caffè o cappuccino (unica presenza di proteine, con il poco latte) sono l'offerta classica di una colazione all'italiana, ma decisamente fuori Zona.

Se nel menù non sono previste fonti proteiche, si possono prendere accordi precisi per avere a colazione un toast o almeno un po' di prosciutto o formaggio, oltre alla frutta, che al limite può essere rimpiazzata con grissini o cracker, meglio se integrali. Per le quantità, ci si può regolare tenendo conto che un toast ben farcito equivale a 2 blocchi completi,

1/2 frutto grosso o 1 piccolo a 1 miniblocco di carboidrati, mentre per gli affettati o i formaggi si rimanda alla tabella degli alimenti (Appendice A) o alla valutazione a occhio.

Anche lo yogurt bianco magro può essere un buon compromesso da raggiungere con i gestori dell'albergo, regolandosi con i quantitativi: 200 g corrispondono a 1 blocco completo di tutti i macronutrienti.

Si possono gustare di tanto in tanto, se se ne ha voglia, anche le proposte che l'albergo fa normalmente, ma è necessario bilanciarle con le proteine, che possono essere quelle in polvere o in compresse, se non si gradisce un'altra fonte salata. Per esempio, se la propria colazione deve essere costituita da 3 blocchi, si può mangiare un cornetto o una fetta biscottata con poca marmellata (2 miniblocchi di carboidrati e grassi) con un cappuccino (1 blocco completo) nel quale si sciolgono 2 misurini di proteine in polvere (2 miniblocchi di proteine) che si possono portare da casa.

Anche in questo caso i pranzi e le cene ripetono le condizioni in cui ci si ritrova al ristorante, trattate a parte e a cui si rimanda.

Non bisogna dimenticare gli spuntini, preziosi alleati della Zona, per i quali può rendersi necessaria una modesta organizzazione. Si può tenere a portata di mano uno yogurt, se la temperatura atmosferica o il frigorifero in camera lo consentono, oppure recarsi al bar per un bicchiere di latte, o tenersi in tasca un pezzetto di parmigiano con 2 cracker o un piccolo frutto (i grassi non servono perché il formaggio ne contiene già a sufficienza), oppure ricorrere alle barrette bilanciate.

Si può anche entrare in un negozio di alimentari e scegliere le proteine e la frutta preferite per comporre così il proprio spuntino, o farsi preparare al bar un toast che andrà valutato e probabilmente «aggiustato», togliendo una delle fette di pan carré e ripiegando l'altra su se stessa, per avere uno spuntino da 1-2 blocchi completi, da valutare a occhio (anche qui si considerano i grassi inclusi nelle proteine).

In spiaggia

D'estate può capitare che non si voglia lasciare la spiaggia per mangiare e si preferisce servirsi dei ristoranti o dei bar delle stazioni balneari.

Qui, come quasi dappertutto, la maggiore attenzione va posta sul reperimento delle fonti proteiche.

Una volta individuate queste, non è difficile costituire un pasto nella Zona.

Se la scelta è il ristorante, ci si trova nell'ipotesi più semplice tra quelle trattate nel relativo paragrafo, per cui si può mangiare semplicemente un secondo piatto con una fonte proteica a piacere (pesce, carne, affettati, formaggi eccetera), con verdura e frutta secondo i quantitativi standard.

Se invece è il bar, dipende dalle possibilità che offre. In genere si possono sempre trovare insalate a piatto unico, che vanno benissimo perché danno la possibilità di consumare verdura; si deve solo curare che le fonti proteiche, come tonno, pollo, uova e formaggio, siano in quantità sufficienti per il proprio fabbisogno, cioè che corrispondano all'estensione e allo spessore del proprio palmo. Se così non fosse, basta integrare prendendo un altro piatto unico da consumare per intero o da usare come fonte proteica aggiuntiva, tralasciando ciò che si giudica inopportuno per gusto o per quantitativo.

Poiché un piatto unico contiene in genere insalate tipo lattuga o pomodori o altre verdure in dosi non sufficienti a coprire la necessità glucidica, può risultare piacevole, anche se non privilegiato per la Zona, completare il pasto con un piccolo gelato, che gratifica il palato e lo spirito di chi si trova sotto il sole estivo.

Se invece il bar propone panini o toast, ci si regola sempre allo stesso modo, eliminando una delle due fette di pane e valutando i quantitativi a occhio. I grassi non costituiscono un problema perché sono già contenuti sicuramente nei componenti del pasto, qualunque esso sia.

In spiaggia può anche essere necessario non esagerare il quantitativo di cibo, anche se si tratta di un pranzo, per non compromettere o limitare la possibilità di recarsi in acqua per il resto della giornata balneare. Si può, per esempio, consumare un pasto da 2 blocchi e riservare il rimanente per uno spuntino successivo o per la cena.

Sui campi da sci

Una giornata sugli sci non preclude la possibilità di restare nella Zona.

Se si decide di mangiare al bar, su una pista, perché non si vuole perdere tempo al ristorante o alla tavola calda, basta per esempio consumare un bicchiere di latte (1 blocco completo) con uno o più toast, a seconda del proprio fabbisogno, avendo cura di valutarne la farcitura, che non deve essere troppo esigua rispetto al pan carré. Se così fosse, l'espediente è sempre il solito per ricostituire un toast grande quanto metà dell'originale. In questo modo si ha in genere un quantitativo pari a 1-2 blocchi completi di macronutrienti.

Oppure si possono mangiare panini debitamente bilanciati o resi tali con i soliti piccoli accorgimenti. Ciò può equivalere a consumare, in linea di massima, 2 o 3 blocchi completi.

Se si preferisce, si può anche ricorrere alle proteine in polvere da aggiungere a un cappuccino dolcificato magari con fruttosio (2 o 3 blocchi, secondo quantità) o utilizzare 1 o più barrette pronte con bilanciamento corretto.

Le bustine di fruttosio, le proteine in polvere o in compresse e le barrette sono piccoli e poco ingombranti aiuti che si possono infilare in tasca e usare all'occorrenza.

Per stare nella Zona si può anche frazionare il pasto in due spuntini per un quantitativo totale di cibo pari al proprio pranzo, in modo da fare due calde soste, rigeneratrici sotto molti profili.

A casa con gli amici

Ricevere a casa gli amici accogliendoli con un pasto nella Zona può diventare una piacevole esperienza per tutti, invitati e padroni di casa.

Premesso che per rispetto all'ospitalità non si impone ad altri il proprio metodo alimentare, resta il fatto che potrebbero proprio essere gli amici a chiedere, per curiosità, di conoscere « sul campo » o, meglio, sul tavolo, questo metodo.

Può anche diventare una simpatica proposta per una cena a tema: la Zona.

È possibile sbizzarrirsi nella preparazione di due o tre tipi di fonti proteiche, scegliendo, per esempio, tra le varie qualità di pesce, formaggi o carni bianche, il tutto cucinato secondo la propria fantasia e bravura. Come accompagnamento si può proporre una varietà di verdure, cotte e crude. In tavola si mette l'olio extravergine d'oliva per condire e del buon vino rosso, oltre all'acqua.

Tutte queste preparazioni si possono servire contemporaneamente, imbandendo la tavola con allegria. I vari colori delle verdure e l'abbondanza della scelta daranno il tocco di successo al pranzo o alla cena. Inoltre la padrona di casa ha così la possibilità di sedersi a tavola con gli altri commensali, senza doversi continuamente assentare, in un viavai fastidioso per lei e per gli amici, per provvedere alle successive portate.

Come fine pasto si può proporre frutta fresca e secca, badando sempre alla varietà, che fa allegria e stupisce chi non conosce la Zona.

Se verrà richiesto, si potrà spiegare il metodo a occhio per dare un'idea dei quantitativi di cibo della Zona, che la padrona di casa avrà seguito senza difficoltà.

11

La Zona per tutti

Vegetariani

La Zona pone l'attenzione sulla necessità che ogni individuo ha di alimentarsi secondo il suo fabbisogno individuale, e questo concetto riguarda tutti i macronutrienti, proteine comprese.

Quando si parla di vegetariani si è portati a credere che non possano entrare nella Zona perché non riescono ad assumere i quantitativi proteici necessari a perseguire questo metodo alimentare. Niente di più sbagliato, e per tre motivi.

Per prima cosa la Zona non richiede l'assunzione di proteine in quantità tali da mettere in difficoltà un vegetariano, che ha solo fatto una scelta delle proprie fonti proteiche, senza per questo rinunciare ad assumere proteine, che, nella Zona, devono solo essere in quantità sufficiente a mantenere la propria massa magra e a supportare l'attività fisica individuale, non di più.

Poi la Zona non considera indispensabile fare ricorso alle proteine animali; anzi, non fa differenza sulla provenienza proteica, pur se ne predilige alcune, ma esorta a una misurata e opportuna assunzione che non deve essere sottovalutata.

Inoltre la Zona invita a ricorrere il più possibile alla soia, che contiene molte proteine dall'azione particolarmente importante in questo metodo alimentare, perché ne esaltano gli effetti. Addirittura invita a consumarne anche se non si è vegetariani.

Oltre ai vegetariani puri, che non contemplano nessun alimento di origine animale, i lacto-ovo-vegetariani, che invece accettano nella loro dieta le uova e i prodotti caseari, oltre al latte, hanno una varietà di fonti proteiche molto più vasta e riescono ad applicare la Zona in modo più vario.

Può addirittura capitare che i vegetariani riescano ad assumere con la Zona un quantitativo proteico più adeguato alle loro necessità. Infatti succede spesso che la loro originaria alimentazione fosse molto ricca di carboidrati e di grassi vegetali nobili, ma insufficiente come quantitativo proteico.

La focalizzazione di una eventuale situazione sbilanciata nei componenti alimentari e il suo riequilibrio con i quantitativi previsti dalla Zona possono incrementare la loro massa magra, anche a vantaggio della salute.

Nei casi particolarmente difficili, in cui è problematico trovare il modo per assumere le proteine, indispensabili all'organismo perché contengono gli irrinunciabili ed essenziali amminoacidi, si può ricorrere alle proteine in polvere. Se si tratta di vegetariani puri, vanno bene quelle derivate dalla soia; gli altri, oltre a queste, trovano aiuto in quelle ricavate dall'albume e dal latte.

Una speciale attenzione va posta a quelle persone, soprattutto ragazze e atleti ad alto livello, che con la dieta vegetariana magari non riescono ad assumere un'adeguata quantità di ferro e denunciano una carenza che influisce negativamente sulla loro condizione fisica e ancor di più sulla loro attività sportiva.

Se si verifica questa evenienza, può rivelarsi utile ricorrere alle verdure che hanno un maggior contenuto siderico (vedi tabella 11.1).

I vegetariani possono ricorrere alla supplementazione di

Omega 3 a lunga catena molecolare con prodotti provenienti dalle alghe, da cui si estrae il DHA che l'organismo converte parzialmente in EPA.

Oppure possono assumere olio di semi di lino che contiene ALA. Questo acido grasso Omega 3 ha però qualche controindicazione, per l'influenza negativa che esercita sulla produzione di eicosanoidi e per la difficoltà nell'evolversi in EPA.

Tabella 11.1 - Contenuto in ferro di alcuni alimenti vegetali per 100 g di parte edibile

Cereali e derivati	**mg**
farina d'avena	4,2
farina di frumento integrale	3
farina di soia	6,9
fette biscottate normali	3,8
fiocchi d'avena	5,2
germe di grano	10
grissini	2,3
mais	2,4
pane di segale	2,5
pane tipo integrale	2,5
Legumi	
cannellini bolliti	1,7
cannellini in scatola, scolati	2
ceci in scatola, scolati	1,8
fagioli bolliti	2
fagioli borlotti bolliti	2,3
fagioli borlotti in scatola, scolati	2,2
fave saltate in padella	2
lenticchie in scatola, scolate	2,3
piselli in scatola, scolati	1,6
Verdure, spezie ed erbe aromatiche	
aglio	1,5
agretti	1,2
asparagi di bosco	1,1
basilico	5,5
bieta bollita	2

(segue)

Verdure, spezie ed erbe aromatiche	mg
carciofi crudi	1
cavolo cappuccio rosso	1
cavolo cappuccio verde bollito	1,2
cavolo cappuccio verde crudo	1,1
cicoria da taglio, coltivata	1,5
fiori di zucca	2
foglie di rapa	2,7
funghi ovoli	1,1
funghi porcini	1,2
germogli di soia	1
indivia	1,7
lattuga a cappuccio	1,2
menta	9,5
pepe nero	11,2
pomodori, conserva	2,2
prezzemolo	4,2
radicchio verde	7,8
rosmarino	8,5
ruchetta o rucola	5,2
spinaci crudi	2,9
tarassaco o dente di leone	3,2
tartufo nero	3,5
Frutta fresca e secca	
anacardi	6
arachidi, tostate	3,5
lamponi	1
mandorle	3
mora di rovo	1,6
nocciole, secche	3,3
noci di macadamia	3
noci, fresche	2,6
noci, secche	2,4
noci pecan	2,1
olive da tavola conservate	3,5
olive nere	1,6
olive verdi	1,6
pinoli	2
pistacchi	7,3
ribes	1,3
Dolci	
babà al rum	2,3
cioccolato al latte	3
cioccolato fondente	5
crema di nocciole e cacao	3,6
panettone	3

Bambini e adolescenti

Negli ultimi anni si è assistito a un aumento del sovrappeso e dell'obesità infantili. Quali sono le cause? Le comodità, le abitudini di vita, la televisione, il computer, lo scarso movimento, i videogiochi sono le cause additate per spiegare un fenomeno che allarma perché può essere l'anticamera di malattie da giovani e da adulti.

Sembra anzi che si registri già un aumento di patologie dell'età giovanile.

Alcune, come il diabete di tipo 2, una volta si manifestavano prevalentemente in soggetti adulti, ora si riscontrano in molti bambini; il colesterolo, i trigliceridi e la pressione sanguigna alti che, in genere, si manifestavano dopo i 40 anni, ora si diagnosticano anche nei bambini e nei giovani.

Asma e allergie affliggono oggi molti piccoli: saranno l'ereditarietà e l'inquinamento assieme ad altri fattori, le cause dei loro disturbi, ma sicuramente l'alimentazione gioca un ruolo importante come coadiuvante della salute, se non addirittura come promotore.

Come si è detto più volte, è proprio questo l'obiettivo della Zona che non ha l'intenzione di anteporsi al pediatra, ma di affiancarlo.

Già nella vita prenatale, se la mamma applica abitudini alimentari e comportamentali idonee, il bambino ne beneficerà.

La Zona si può seguire anche da gestanti, con determinati accorgimenti.

È poi estremamente opportuno l'allattamento al seno. Il latte materno è ricco di GLA (acido gamma-linolenico) e di acidi grassi Omega 3, come l'EPA (acido eicosapentaenoico) e il DHA (acido docosaesaenoico). Questi acidi grassi sono importantissimi per lo sviluppo del bambino, che dalla nascita fino ai 6 mesi non può produrre autonomamente il GLA; inoltre ha bisogno di EPA e DHA per sviluppare il cervello, composto al 50% di grassi, tra cui molti Omega 3 come appunto EPA e DHA. La mancanza o l'insufficienza di questi acidi influisce anche sullo sviluppo del sistema immunitario e sulla produzione di eicosanoidi buoni, oltre che sulla loro funzionalità.

Le ditte produttrici di alimenti per l'infanzia studiano da anni il modo per arricchire i loro prodotti con i componenti che si trovano nel latte materno, ma questo resta sempre insostituibile.

Già nella prima infanzia si possono insegnare al bambino alcune semplici regole che può apprendere dalle abitudini famigliari, le quali restano il miglior modo per imparare: uso di pesce e di proteine a basso contenuto di grassi, molto consumo di frutta e verdura, scelta di olio d'oliva o extravergine d'oliva e alcuni frutti secchi.

Se il bambino vede usare e trova in casa questi prodotti e non altri, già si avvia verso la Zona.

Tutto ciò che è ricco di acidi grassi idrogenati, oli vegetali saturi e infarcito di zuccheri, come patatine, merendine, bibite, deve essere molto limitato nella sua alimentazione. Qualcosa si può concedere, di tanto in tanto, perché non si senta né diverso né frustrato, ma gli si deve insegnare che quei prodotti non fanno bene e che per questo vanno consumati con moderazione.

Oltre che nell'ambiente famigliare, anche in quello scolastico si può insegnare al bambino la composizione dei cibi e l'associazione appropriata degli alimenti con facili e divertenti giochi: quali sono le proteine, i carboidrati e i grassi, dove si trovano e come consumarli tutti insieme, ogni volta che mangia.

Se sbaglia, pazienza. Ricomincia a far bene dal pasto successivo, senza drammi o rimproveri.

Se, per esempio, si propone per una merenda un piatto con pezzetti di prosciutto magro, magari infissi con steccolini colorati, un piatto con stuzzicanti fragole o un frutto ghiotto e delle olive, il bambino, se si ha la premura di assecondare il suo gusto, mangerà spontaneamente un po' dell'uno e un po' dell'altro e consumerà uno spuntino nella Zona senza accorgersene. Oppure si potrà invitare a fare le giuste associazioni guidando le scelte in modo da comporre, per esempio, una bandiera italiana ogni tre bocconi, con gli steccolini diversamente colorati dei tre tipi di macronutrienti sapientemente preparati.

Può rivelarsi divertente anche un trenino composto da un pezzetto di formaggio magro, che fa da locomotiva, e da tanti vagoncini di pezzi di frutta e olive, a seguire, quanti ne bastano per bilanciare il quantitativo di formaggio.

Si può fare ricorso ad alimenti giocattolo o a disegni su carta per insegnare le corrette associazioni alimentari, facendo leva sui gusti individuali e sulla disponibilità a imparare, caratteristica dei bambini.

Si possono trovare, insomma, molti modi divertenti per insegnare al bambino come mangiare nella Zona, senza assillarlo o caricarlo di responsabilità inopportune per l'età, ma allegramente.

Discorso diverso, invece, per i più grandicelli che già hanno acquisito abitudini proprie, magari sbagliate, a cui non vogliono rinunciare.

La Zona va introdotta gradualmente, senza fretta e con disinvoltura, se necessario.

Innanzitutto si deve insegnare loro a distinguere i grassi, a sapere dove possono trovarli e come fare a individuarli. I prodotti sulle cui confezioni compaiono tra gli ingredienti acidi grassi idrogenati, parzialmente idrogenati o margarine vanno evitati o al massimo consumati con moderazione. Si deve comunque sapere che danneggiano la salute. Vanno evitati anche i grassi saturi vegetali, come l'olio di palma e di cocco (oli e grassi vegetali), e quelli di origine animale, come lo strutto, il burro e i grassi visibili della maggior parte delle fonti proteiche.

Nei fast food vengono usati i grassi sfavorevoli alla Zona, ma ciò non significa che i bambini e gli adolescenti debbano rinunciare agli hamburger. Devono solo non andare spesso al fast food e, quando ci sono, cercare di consumare i cibi meno sfavorevoli, evitando quelli infarciti di grassi saturi animali e quelli fritti.

Ciò implica una sensibilizzazione dei ragazzi sul ruolo dell'alimentazione e sull'influenza che esercita sulla salute. Queste nozioni si possono trasmettere con disinvoltura, semplicemente scegliendo e applicando la Zona come proprio stile di vita: è un messaggio proficuo ed efficace che, a volte, rende inutili tante parole.

La conoscenza e l'applicazione della Zona sono tanto più importanti quanto più i giovani hanno la possibilità o la necessità di mangiare fuori casa.

Una regola basilare, ma che va bene in qualsiasi posto essi mangino, è di regolare il consumo di carboidrati sfavorevoli. Se ne trovano infatti dappertutto e in grandi quantità: panini, focacce, pizze, dolci, toast, tramezzini. Molte fonti glucidiche, ma poche proteine. È bene imparare invece a costruirsi un pasto Zona anche fuori casa.

Attenzione alle bibite. Se ne fa un largo uso, ma è bene tenere presente che per la maggior parte sono carboidrati. Se si ha voglia di berle è meglio farlo in associazione a una fonte proteica e durante uno spuntino o una merenda, per esempio con un pezzo di formaggio o prosciutto o bresaola.

Il dottor Sears dà, come indicazione di massima di fabbisogno, 15 g di proteine per pasto, con l'adeguato quantitativo di carboidrati e grassi, fino alla pubertà; poi gli adolescenti possono mangiare lo stesso quantitativo degli adulti perché non manchino loro i nutrienti per una rapida crescita.

Per i bambini non è comunque possibile fare un controllo dei quantitativi in blocchi, perché la loro attività è tale da richiedere molta energia mal quantificabile.

È utile però bilanciare il pasto in modo appropriato, con le giuste fonti alimentari e secondo necessità. Qualsiasi buon pediatra può dire che i bambini mangiano quando hanno realmente fame. Sta ai genitori non abituarli all'eccesso, magari comprando cibi non solo inutili, ma a volte anche dannosi, che stuzzicano la gola ma non l'appetito. Vanno quindi abituati a mangiare anche il pesce, cercando quello più piacevole per loro, e incoraggiati a gustare più frutta e verdura che pasta o pane. In questo modo introducono nell'organismo anche gli importantissimi micronutrienti di cui i frutti e gli ortaggi sono ricchi.

Tra le abitudini alimentari salutari c'è certamente anche una buona colazione, che viene molto spesso sottovalutata, specialmente in età scolare. Gli orari, la fretta e la difficoltà a trovare qualcosa che si riesca a inghiottire possono praticamente farla saltare o farla consumare con la classica scorpacciata di carboidrati. Marmellata, fette biscottate, biscotti, cereali da colazione innalzano drasticamente il livello d'insulina, cui segue un altrettanto brusco crollo degli zuccheri nel sangue.

Le manifestazioni evidenti di questo stato ipoglicemico sono il calo d'attenzione e l'irrequietezza che si verificano a scuola e che creano non pochi problemi. Nell'intervallo c'è un'altra abbuffata di cereali con o senza grassi pericolosi. Tregua per un'ora, un'ora e mezzo, poi di nuovo i soliti problemi che non sono comportamentali, ma semplicemente alimentari. Alcune difficili situazioni scolastiche possono essere risolte con una corretta e bilanciata colazione pro Zona e un'opportuna merenda.

Senza contare che proprio questa altalena insulinica, che si prolunga anche per il resto della giornata, può portare allo sviluppo del diabete di tipo 2 e all'obesità.

Sarebbe bene, quindi, abituare i propri figli a fare una buona colazione, ricercando tra i loro gusti quella più piacevole e opportuna: basta individuare gradevoli fonti proteiche perché per il resto, in genere, non ci sono grossi problemi. Poi, alle 11, un buon panino costituito da 30 g di prosciutto o formaggio e 15 g di pane, meglio se integrale, oppure un pezzetto di formaggio con 1 kiwi o qualche ciliegia. Pizze, focacce, patatine o dolci preparati industrialmente, come si diceva, non vanno banditi, ma consumati solo occasionalmente e moderatamente.

Se c'è necessità di un dolce per una festa o una ricorrenza, le mamme possono proporre quelli preparati in casa, con ingredienti selezionati e controllati. Bisogna ricordare che è bene privilegiare il fruttosio rispetto allo zucchero (anche per la preparazione di marmellate e sciroppi), l'olio, lo yogurt o il latte rispetto al burro (il cui consumo va limitato, mentre le margarine solide vanno bandite), l'albume rispetto al tuorlo d'uovo. Di quest'ultimo si può usare solo una parte e aumentare il quantitativo del bianco. Non si può dimenticare che se al dolce si associa una fonte proteica, il gioco della Zona è fatto.

Per seguire la Zona sono importanti gli orari, cioè la distanza dei pasti che, anche per i bambini, non deve mai superare le 5 ore. In genere si consumano 3 pasti principali e 2 spuntini. In Italia questa è un'abitudine già consolidata e correttamente impostata e acquisita; magari può trovare qualche resistenza nei grandicelli, che però ripristinano volentieri le merende, spesso abbandonate con la crescita. Semmai si può introdurre lo spuntino serale prima di coricarsi, ma questo non costituisce un problema perché diventa un gradito appuntamento.

Oltre all'abitudine al pesce e alle fonti proteiche magre, alla frutta e alla verdura, alla limitazione dei carboidrati e dei grassi alimentari sfavorevoli, per la crescita è importante l'olio d'oliva.

Vi si trova una quantità relativamente bassa di acidi grassi essenziali, che comunque con la Zona si reperiscono in altre fonti, ma fornisce un rapporto acido linoleico/acido linolenico simile a quello che si ha nel latte materno. Oltre al rapporto Omega 6/Omega 3 favorevole, anche la presenza di acido oleico risulta importante per la sua azione sull'accrescimento e sulla mineralizzazione dello scheletro.

L'esercizio fisico va incoraggiato, specialmente nei bambini più tranquilli. Se non si riesce o non si vuole avviarli a una disciplina specifica, scelta secondo le preferenze del bambino, si può organizzare una serie di attività «casalinghe»: ginnastica tutti insieme, gite in bicicletta, passeggiate, una nuotata in piscina eccetera. Non c'è da preoccuparsi se inizialmente l'entusiasmo può essere scarso: basta cominciare, perché poi i bambini faranno il resto esaltando al massimo il loro movimento, spinti dall'esuberante vitalità giovanile.

Questi semplici suggerimenti nutrizionali vanno applicati con disinvoltura, senza apprensioni o drammi. All'educazione alimentare dei propri figli si può arrivare infatti con il gioco o con i discorsi, con le spiegazioni, l'informazione e l'esempio, mai con l'imposizione.

Il dottor Sears sostiene che i giovani hanno molte più probabilità di correggere gli errori nutrizionali degli adulti perché sono fisiologicamente più «freschi».

È un percorso educativo importante che non ha tempi uguali per tutti: chi è più interessato arriverà prima. Ma non bisogna scoraggiarsi con chi è più distratto o refrattario: prima o poi imparerà.

La posta in palio è la salute dei propri figli, per cui nessun impegno è troppo gravoso, anche se si tratta, a volte, di avere molta pazienza e perseveranza.

12

Storie italiane nella Zona

DAL 1999, anno di pubblicazione del primo libro del dottor Sears in Italia, questo metodo alimentare ha avuto molti fautori, che si sono aggiunti a quelli americani e del resto del mondo. C'è dunque una casistica italiana che può attestare il successo della Zona anche entro i confini nazionali.

Le testimonianze che seguono non sono stupefacenti: la quotidianità è fatta di piccole e grandi cose. Agli eclatanti esempi che possono abbagliare ma che riguardano aspetti un po' estremi, si sono preferiti quelli che si verificano in molte persone e che per questo assumono un'importanza particolare.

«Ho cominciato la Zona perché non ero convinto che il mio modo di mangiare fosse corretto: troppo disordine, troppo affaticamento dopo il pasto, troppe sensazioni che non potevano assecondare la salute; e poi... quella antiestetica pancetta da cinquantenne. Non avevo mai esagerato con il cibo, ma non ero soddisfatto. Iniziai non seguendo le regole alla lettera, ma dimezzando i quantitativi di pasta ed eliminando il pane: tutto il resto, cioè il consueto secondo con le verdure, lo lasciai inalterato. Senza saperlo avevo applicato la Zona perfettamente, salvo che per la scelta di favorire la pasta, che comunque era in proporzioni giuste per quel metodo. Mi accorsi di sentirmi molto meglio e in 4 mesi persi il mio sovrappeso di 8 kg. Volli allora approfondire il metodo che, se aveva funzionato, doveva essere valido. Ora lo seguo con scrupolo, preferendo le verdure e la frutta alla pasta, di cui non sento assolutamente il bisogno e che mangio, a volte, quando ne ho voglia. Faccio attenzione alla scelta dei cibi e privilegio il pesce, favorito anche dalla località rivierasca dove abito. Ora finalmente ho la sensazione di alimentarmi in modo corretto, e sono convinto che questo metodo giovi alla mia salute.»

«Da anni volevo dimagrire, ma non ci riuscivo. Il mio medico, con una saggezza molto approssimativa e per nulla professionale, mi disse: 'Se si vuole dimagrire, l'unica cosa da fare è non mangiare'. Pensai che lui, grassoccio, era così sovrappeso perché non aveva voglia di digiunare: io, da quel momento in poi, sì. Ci provai e riprovai, ma era un'altalena beffarda, una prova troppo dura. Mi sentivo in balia della mia cattiva coscienza (che in realtà era fame) più che del cibo. In un momento particolare di spossatezza fisica mi ammalai: sentii qualcosa succedere dentro di me e, senza accorgermene, iniziai un brutto esaurimento nervoso. Mi risollevai con 20 kg di troppo. Avvicinai la Zona per caso e con incredulità. All'inizio trovai impossibile l'idea di ridurre i quantitativi di cibo, e soprattutto di eliminare la pasta che confortava la mia necessità di 'pienezza'. In 3 giorni, però, vidi già dei risultati, e la cosa si fece più interessante. Continuai e in breve non ebbi più bisogno della pasta, che ora non cerco neanche perché non mi interessa. Mi ritrovai a mangiare, con gioia ma senza bramosia, i quantitativi stabiliti. Dimagrii 18 kg in 9 mesi, stando bene e vivendo appieno la mia giornata. Ora mantengo felicemente il mio peso e per nulla al mondo ritornerei a mangiare senza Zona.»

«Non mi interessava dimagrire, nonostante la mia mole; ero un diciottenne che non avvertiva il problema. Assistevo con distacco e ironia all'entusiasmo dei miei genitori che, convinti, conversavano spesso di blocchi, di carboidrati e di massa magra. Non li volevo neppure ascoltare pensando che, se avessi resistito, sarei passato indenne in quella loro esperienza che non poteva né doveva coinvolgermi, perché sicuramente mi avrebbe tolto cibo e pasta. Invece mi colpì. Resistetti il più possibile, ma la loro forza 'strumentale' e persuasiva fu troppo forte. Venni steso dalla frase: 'Provare non fa male'. Nei primi tempi mi mancò la pasta a cui, per un po', restai legato non tanto per necessità, quanto per abitudine mentale. Il resto rimase pressoché uguale, ma con le stupende merende 3 volte al giorno. Ho imparato a selezionare i cibi, anche se capita spesso che la scuola mi obblighi a pranzi in piedi al bar, dove non sempre sono scrupoloso. In casa e fuori soddisfo tutte le mie voglie di convinto buongustaio, anche quella di pasta, ma senza esagerare. Sono dimagrito 10 kg con la sensazione non di seguire una dieta, ma di essere più informato sui cibi e sul da farsi: mi ha fatto piacere.»

«Alla visita di idoneità per l'attività sportiva mi trovarono iperteso, a 15 anni, oltre che in sovrappeso. Per me non era un problema, se non per il fatto che correvo il rischio di non poter più giocare. Dovevo dimagrire 15 kg, così, forse, avrei risolto tutti i miei problemi. I primi chili furono facili e feci da solo con i miei genitori: via pasta e pane, o quasi, via le patatine e le merendine. Ma poi, come continuare? La Zona venne in mio aiuto e ben presto raggiunsi l'obiettivo: 12 kg persi e fine dell'ipertensione. Gli allenamenti diventarono un vero gioco e mi sentii molte più energie di prima. Riuscii a seguire regolarmente tutte le specialità sportive che mi divertivano e appassionavano, conseguendo risultati importanti. Ora continuo a mangiare nella Zona, senza fanatismi, ma consapevole di quello che faccio, e anzi convinto che sia il mio doping naturale.»

« Ho seguito molte diete in vita mia, anche quelle che purtroppo mi hanno lasciato qualche sgradito ricordo. Questa volta volevo perdere 20 kg e la sentivo una sfida difficile. Conobbi la Zona tramite mia figlia, sua informata e convinta assertrice. Capii subito che non era difficile seguirla, e i primi risultati mi incoraggiarono. Cominciai a perdere peso, ma soprattutto, inaspettatamente, mi vennero la voglia e l'energia per continuare i miei studi interrotti sull'esoterismo e sui testi antichi delle religioni monoteiste. Avevo ritrovato la lucidità, la freschezza mentale, la concentrazione necessarie a coltivare la mia impegnativa passione intellettuale. Persi 10 kg; cominciai anche a dover diminuire il dosaggio della terapia tiroidea e di quella ormonale sostitutiva perché un'ovaia aveva ricominciato a funzionare dopo 3 anni di inattività. Finora ho perso 15 kg e sto avviandomi felicemente verso il mio traguardo, piena di energie e di certezze sul mio peso. »

« Nel nostro ambiente sportivo avevo sentito parlare di un metodo alimentare che in America riscuoteva particolare successo tra atleti di spicco mondiale. Si diceva che i recuperi fossero migliori e che le prestazioni, a parità di allenamento, registrassero notevoli progressi. Volli provare, fiducioso ma nello stesso tempo critico. Mi accorsi subito che la parte aerobica dei miei allenamenti da decatleta aveva raggiunto gradualmente livelli da me sempre considerati un miraggio. Cominciai a pensare che il programma di alimentazione pro Zona fosse davvero efficace. Così mi impegnai in approfondimenti più mirati, in rapporto alle varie fasi e ai vari tipi di allenamenti richiesti dalle diverse specialità atletiche che praticavo. Era incredibile e sorprendente la risposta del mio corpo a cambiamenti alimentari che prima non avrei valutato così importanti. Passai in un anno da 5600 a 6100 punti. Ero e sono convinto di aver trovato la chiave di volta delle mie prestazioni, che credevo si fossero già espresse al meglio negli anni precedenti, e di riuscire ad avere dal mio fisico le risposte migliori.»

«Dopo un impegnativo intervento per 3 bypass al cuore, a 59 anni, resosi necessario da una improvvisa e quanto mai grave cardiopatia, divenni ancora più critica e impegnata nella mia alimentazione, convinta, come sempre, che il suo ruolo fosse importante. Le indicazioni della generica dieta ospedaliera non mi rassicuravano; anzi; mi avevano delusa, non sembrandomi più sufficienti per una prevenzione, già in atto da tempo per via di una ereditarietà di patologie cardiache. La Zona mi parve la possibilità che cercavo. Durante uno dei controlli postoperatori, informai il cardiologo che intendevo seguire questo metodo alimentare, da lui inizialmente ed erroneamente inteso solo come un'assunzione di Omega 3. Iniziai, sotto il suo controllo, questa esperienza. Fu una collaborazione proficua, resa possibile dal fatto che i miei valori ematici non obbligavano a una subitanea correzione farmacologica: dopo 3 mesi i valori del mio colesterolo, che devono essere inferiori al normale per la mia storia clinica, lasciarono sorpreso il mio cardiologo; gli ormoni tiroidei, che registravano un'anomalia successiva all'intervento, tornarono nella norma, e i miei valori pressori ebbero bisogno di un aiuto farmacologico più leggero. Ormai vivo nella Zona da 2 anni e sono convinta di aiutare il mio organismo con l'alimentazione giusta, che non mi esime dai danni già accumulati negli anni passati, ma non ne assomma altri.»

«La Zona mi fu proposta da un amico che, come me, svolge un'attività di atletica leggera ad alto livello, e subito volli provarla per verificarne l'efficacia in specialità anaerobiche di potenza come la mia. La stagione di pesi registrò un incremento di forza massimale del 10% nello squat e del 6% nella panca, e recuperi più veloci, con possibilità di aumento dei carichi di lavoro. Inoltre non registrai gli abituali piccoli infortuni che caratterizzavano le mie stagioni atletiche, con grande beneficio diretto e indiretto sugli allenamenti.»

«Fin da giovane sono sempre ricorsa al cibo per trovare conforto nei momenti difficili della mia vita. Allora ciò non costituiva un problema perché non ingrassavo e potevo mangiare quello che volevo; ma probabilmente fu questa circostanza che mi fece trascurare un aspetto che si sarebbe in seguito rivelato molto negativo. Quando a 32 anni ricorsi nuovamente al cibo come rifugio, mi scontrai con un nuovo, pesante problema: non mi piacevo più perché stavo diventando troppo grassa. Come molte persone che hanno percorso la mia strada, precipitai ben presto, e non senza una sofferta e sfibrante resistenza, in uno stato di sconforto e di prostrazione ben più grandi dei problemi che li avevano causati e che andavano al di là del fattore estetico. Ero a terra quando mi venne in aiuto, come lo spiraglio di una debole luce, la Zona. Non so perché mi convinse subito: la applicai con scrupolo. In 20 giorni ritrovai me stessa: persi i pochi, ma per me pesanti, chili di troppo, accrebbi la mia energia interiore ed esteriore, ma soprattutto mi sentii felice come non ero mai stata in tutta la mia vita. Se dovessi definire ora la Zona, direi che per me è stata la 'vita', perché mi ha consentito di ricominciare a volare, come il gabbiano ad ali spiegate che mi sono fatta tatuare su una spalla per celebrare ed esternare visivamente a tutti il mio ritorno alla vita.»

«Ho avvicinato la Zona con la lettura del libro *Come raggiungere la Zona*, ritenendo che gli argomenti addotti fossero convincenti per intraprendere, con questo metodo, il mio recupero ponderale dopo una gravidanza e un lungo allattamento che mi avevano lasciata in sovrappeso. All'inizio trovai difficoltà con i quantitativi perché ero abituata a mangiare molto di più, ma ben presto questo non fu più un problema e mi avviai spedita con mio marito, che avevo coinvolto, verso il mio, anzi il nostro, peso ideale. Ma la Zona fu tanto determinante per il nostro stato di salute e di benessere che volli applicarla a mio figlio di 11 mesi. Naturalmente la seguii nelle linee generali, affiancandola a quella del pediatra, ma applicando il bilanciamento dei pasti e l'oculata scelta degli alimenti, consapevole di fornirgli gli elementi nutrizionali adatti e completi per la sua crescita. Ora mio figlio si appresta ad andare all'asilo nido, dove consumerà il pasto di mezzogiorno. Dalle informazioni raccolte, non mangerà nella Zona perché non è questo il metodo adottato dalla struttura a cui mi appoggio. Inizialmente la cosa mi ha dato fastidio, perché sono troppo convinta dell'efficacia e della validità della Zona. Poi ho realizzato che su 5 pasti solo 1 non è bilanciato secondo i miei programmi, per cui posso anche accettare con serenità quello che le consolidate, ma errate, abitudini alimentari impongono a tutti, senza che ciò possa pregiudicare la salute di mio figlio.»

«Fu mia figlia che mi costrinse ad avvicinarmi alla Zona. Io ero scettica e recalcitrante. Mi diedero l'esempio di una giornata alimentare nella Zona che seguii alla lettera per un mese, assieme all'attività fisica consigliata. Ci riuscii perché per me il cibo non era un desiderio, ma un compito che svolgevo senza interesse. Ciò nonostante avevo parecchi chili di troppo che neanche la recente menopausa poteva giustificare. Non volevo sbagliare nell'applicare il nuovo metodo, perché desideravo verificarne l'efficacia senza ombra di dubbio o scuse. Sorprendentemente funzionò e persi 8 kg in 3 mesi. Ma soprattutto mi sentii molto bene e cominciai a seguire la Zona anche per le indicazioni consigliate alla mia età e condizione. Dopo 2 anni, in seguito a un intervento stomatologico, ho avuto la gradita sorpresa di scoprire lo stato della mia mandibola paragonabile, come integrità, a quello di una ventenne. Ho subito pensato alla Zona...»

«Ho sempre sofferto di mal di testa, tanto che sono solita dire che mi accompagna per 36 giorni al mese. Ogni giorno convivenza con il male, poi pastiglie, poi sonno e il giorno dopo si ricomincia. Ho avvicinato la Zona per dimagrire ma, conoscendola meglio, sono venuta a scoprire che poteva aiutarmi anche per altri aspetti riguardanti la mia salute, tra cui, per l'appunto, il mal di testa. Fiduciosa, ma con lo scetticismo di chi ne ha provate tante, ho iniziato ad alimentarmi secondo questo metodo e, con stupore, mi sono resa conto che già dopo 3 giorni non accusavo più il mio solito e fastidioso disturbo. Dopo un mese, di 30 giorni ormai, si è ripresentato una sola volta, forse a causa di una situazione particolarmente stressante. Pure il mio peso ha registrato un miglioramento, e quindi sono molto fiduciosa anche per quegli aspetti della Zona che hanno un riscontro più difficile da verificare ma sui quali ormai conto, pur senza avere particolari esigenze.»

«Da un po' di tempo mi sentivo affannato. Non era sufficiente il mio sovrappeso a giustificare il malessere che accompagnava ogni mia attività giornaliera, sia dinamica sia statica, come guidare la macchina. Una dieta però era un'impresa impegnativa, che mal si conciliava con la mia vita lavorativa sempre fuori casa, con pranzi e cene al ristorante o in piedi. Poi qualcuno mi parlò di un signore che, pur conducendo una vita più impegnativa della mia sotto questo aspetto e girando il mondo con la sua lista degli alimenti pro Zona, in 3 mesi aveva raggiunto importanti obiettivi di salute. Allora pensai che i miei dovevano essere problemi organizzativi più che superabili, e che forse potevo provarci. È stata la decisione più felice che io abbia preso negli ultimi anni. In pochi giorni era sparito l'affanno e ora il mio peso sta continuando a calare felicemente. Dopo l'iniziale incertezza, ora mi sento davvero bravo a organizzare i miei numerosi pasti fuori casa, e i risultati mi stanno dando ragione. Anzi, mi è diventato talmente naturale mangiare nella Zona che mi viene spontaneo sbirciare e commentare, quando posso, le scelte alimentari altrui, dispensando convinti consigli a piene mani. »

« Non furono i chili di troppo a mobilitarmi, ma un senso di ribellione ai valori sballati delle mie analisi: glicemia, colesterolo, LDL, trigliceridi, tutti valori fuori norma. Sentivo di non meritare queste sventure perché non ero mai stato tanto sregolato da aspettarmi questo disastro. Mi misi d'impegno e, con la determinazione che mi contraddistingue, adottai la Zona integralmente, in tutti i suoi aspetti: palestra, blocchi, orari, pesce, avena, Omega 3 eccetera. Ne parlai con il mio medico, che si dimostrò abbastanza scettico, ma collaborò. Cominciai a notare miglioramenti nei miei valori ematici e contemporaneamente vidi scendere i chili di troppo. Mi sentivo attivo e più giovane dei miei 52 anni. Pensai che forse stavo sconfiggendo la malasorte, che mi aveva già pesantemente colpito con una vedovanza che, seppur non recente, era ancora dolorosa. È ormai passato del tempo da quando ho felicemente raggiunto i miei traguardi e continuo convinto il mio percorso nella Zona, divertendomi a rendere perplesso il mio medico, che non ha mai visto risultati tanto sorprendenti in così poco tempo, con interventi basati unicamente sull'alimentazione. »

« Un mese e mezzo fa ho iniziato la Zona per ristabilire il mio peso forma, perso con la gravidanza e l'allattamento. Ero un po' perplessa perché stavo ancora allattando mio figlio, che a 13 mesi amava il latte della mamma sul quale poteva contare. Mi ero comunque rassegnata a rinunciare all'allattamento, pensando che questa abitudine protratta potesse ormai costituire quasi più un problema emotivo per la crescita armoniosa di mio figlio che un vantaggio già ampiamente sfruttato. Ero infatti convinta che una dieta avrebbe sicuramente compromesso la secrezione del latte, come le mie colleghe esperte di diete mi avevano garantito che sarebbe successo. Grande invece è stata la mia sorpresa nel constatare che, parallelamente alla riduzione del peso, la 'produzione' di latte è aumentata. Mio figlio ringrazia.»

13

I perché della Zona

***Perché** affidarsi a un metodo americano per dimagrire, visto che gli americani sono tra i più grassi del mondo?*

Perché Barry Sears, con la Zona, propone proprio il cambiamento delle abitudini alimentari che hanno portato gli americani a essere così grassi. Individua gli errori e contesta i princìpi nutrizionali, seguiti negli ultimi decenni, che hanno determinato il fallimento della cosiddetta dieta salutista. Propone la Zona dopo averne verificato e provato scientificamente i fondamenti e i presupposti biochimici. Il suo conseguente successo applicativo gli ha dato ragione.

Dal 1995, anno di pubblicazione del primo libro del dottor Sears negli Stati Uniti, 3 milioni di americani hanno trovato le indicazioni per dimagrire e stare meglio. I suoi libri sono stati tradotti in 14 lingue e in Italia le sue pubblicazioni hanno riscosso un grande successo.

Anche gli italiani, se non corrono ai ripari, rischiano di diventare un popolo di obesi. Le abitudini alimentari seguite finora si basano sugli stessi princìpi che hanno guidato in passato gli americani e sulla stessa educazione nutrizionale. Sarebbe un peccato non rivedere le proprie convinzioni, ignorando i successi della Zona. Oltretutto, gli italiani hanno la fortuna di avere prodotti di ottima qualità che si armonizzano benissimo con questo metodo.

Come si può pensare di applicare il metodo Zona in Italia, che è il Paese della pasta?

La pasta non è un alimento proibito nella Zona. Basta quantificarne il consumo per inserirlo appropriatamente in un pasto. Questo metodo si basa sull'educazione alimentare, che è finalizzata alla conoscenza dei cibi per il loro effetto ormonale, e non su privazioni. Nella gerarchia di alimenti la pasta non è tra quelli preferiti, ma il suo uso è possibile. Comunque è normale restare perplessi nell'apprendere che alcune abitudini nazionali, incoraggiate per molti anni, vanno riviste e aggiornate secondo gli studi più avanzati. Inoltre, l'uso eccessivo di carboidrati sfavorevoli, come la pasta, hanno instaurato una sorta di dipendenza da glucidi da cui sembra impossibile liberarsi, soprattutto dal punto di vista «mentale». Invece con la Zona ciò accade in pochi giorni e l'impossibile diventa realtà.

Ma non è il caso di allarmarsi: non si deve pensare che non si possa più gustare una buona pasta al pesto o una saporita amatriciana! È sufficiente ridimensionarne il consumo e le quantità, secondo le indicazioni della Zona che privilegia l'assunzione di carboidrati favorevoli, come la verdura e la frutta, ma che consente anche, di tanto in tanto, di assaporare i cibi cui siamo tanto abituati. No quindi ai piattoni di pasta quotidiani, che stimolano l'insulina in modo dannoso; sì all'abitudine di verdura e frutta in buone quantità a ogni pasto e a una porzione di pasta ogni tanto secondo le indicazioni della Zona.

La Zona è una schiavitù per tutta la vita? Se inizio a mangiare in questo modo, devo poi mantenerlo per sempre?

La Zona non è una schiavitù, come non lo sono tutte le buone abitudini che si prendono quando si diventa consapevoli della loro importanza. Lavarsi tutti i giorni può essere sgradevole per i bambini, che non ne capiscono il motivo, ma diventa una piacevole consuetudine per gli adulti che sanno di provvedere in questo modo non solo a un doveroso rispetto reciproco, ma anche alla propria salute e benessere. Perché non pensare che anche il cibo possa promuovere la salute? La Zona propone di cambiare la prospettiva con cui si guarda il cibo: non è più solo un modo per saziarsi o per provare piacere, ma è un potente farmaco che, usato male, può provocare guai o al contrario, usato correttamente, induce benessere e salute.

Perché alcune persone osteggiano la Zona?

Perché non la conoscono. Le pubblicazioni tradotte in italiano e rivolte al grande pubblico hanno portato a conoscenza di persone di varia estrazione questo metodo alimentare. Molti però hanno valutato la Zona in modo sommario e superficiale, pensando che si trattasse della «solita dieta» per dimagrire, oppure che incoraggiasse l'abuso di proteine e grassi. Niente di più sbagliato. La Zona è un programma alimentare completo e per certi versi innovativo, che risponde alle vaste esigenze della nutrizione umana. Si basa sull'informazione nutrizionale, usando le recenti e consolidate conoscenze scientifiche che suggeriscono, per esempio, la valutazione dei carboidrati secondo l'indice glicemico e non secondo la loro suddivisione, ormai impropria, in semplici e complessi. Coniugando i progressi scientifici, la Zona propone uno stile di vita che si avvantaggia delle attuali conoscenze per contrastare gli effetti negativi del nostro tempo.

C'è molta differenza tra le tabelle dei cibi pubblicate precedentemente e quelle di questo libro?

Sì, soprattutto riguardo a un tipo di macronutrienti: i carboidrati. È proprio per questo motivo che si è ritenuto importante pubblicare l'integrazione e il completamento di traduzioni che, come tali, riportano il testo originale. L'adozione di un metodo formulato in un Paese diverso comporta infatti il suo adattamento a una realtà differente dall'originale; si tratta comunque di un adeguamento riguardante solo l'aspetto applicativo, non quello sostanziale.

Perché alcuni continuano a raccomandare l'uso di carboidrati complessi come se fossero i garanti del controllo insulinico?

Perché non sono informati sull'indice glicemico o, meglio ancora, sul carico glicemico. È dal 1981 che questo concetto ha cominciato a circolare negli ambienti scientifici, ma evidentemente non ha ancora raggiunto l'attenzione e l'interesse di molte persone che, pur operando in campo sanitario, non lo considerano e continuano a ignorarlo. È emblematico un caso in cui la disinformazione e la cultura farmacologica la fanno da padrone: a una giovane diabetica di tipo 1, che deve quindi ricorrere a somministrazioni d'insulina per sopperire alla sua carenza produttiva, anziché prescrivere una dieta appropriata, sapiente ed efficace che richieda la somministrazione di quantitativi il più possibile limitati d'insulina, che è pur sempre un ormone pericoloso e difficile da gestire, è stata consigliata una dieta inadeguata e non controllata per cui, « al massimo, è richiesto l'aumento del dosaggio »! Agire in questo modo, ignorando il problema o non documentandosi su studi che ormai sono consolidati dal tempo e dall'esperienza, porta a conseguenze molto gravi, come in questo caso.

Perché pensare che la Zona non sia assimilabile a una delle tante diete dimagranti che poi spariscono?

La Zona non è una dieta dimagrante, ma un programma alimentare completo che si basa su ricerche scientifiche. Non intende affatto compiacere le persone che desiderano perdere peso, di norma disposte a seguire regimi alimentari scorretti ma più seducenti perché consentono grandi quantitativi di cibo, anche se monotematici e quindi pericolosi.

La Zona, al contrario, affronta un discorso scomodo, perché va controcorrente nei riguardi di indicazioni nutrizionali affermate e radicate, raccomandate da decenni. È proprio in questo contesto che è difficile accettare un metodo che non si propone come dieta dimagrante (la perdita di peso è un effetto secondario), ma come dieta per la salute, rimediando a quegli errori nutrizionali che potevano trovare giustificazioni in passato, ma non ora, alla luce di scoperte scientifiche ormai verificabili.

La Zona non asseconda una cultura superficiale e interventista che incoraggia risultati rapidi ma dannosi per la salute, con o senza pastiglie. La Zona educa alla buona alimentazione e consente il raggiungimento di importanti traguardi metabolici. Ciò non significa tempi lunghi per il conseguimento del successo, ma solo che sarà tanto più soddisfacente quanto più sarà seguita con precisione.

Ho avuto l'influenza e non ho potuto seguire la Zona. Che fare?

Quando si devono affrontare dei problemi di salute che coinvolgono forzatamente l'alimentazione, non importa se non si riesce a rispettare le regole della Zona. Prima di tutto bisogna risolvere il problema contingente, nel modo migliore. Poi, in seguito, appena possibile, si ritorna al proprio programma alimentare, che aiuterà la convalescenza.

Volendo seguire la Zona con scrupolo, è necessario tenere conto anche delle proteine contenute nei carboidrati favorevoli, per esempio nelle verdure?

No, non è necessario perché le proteine contenute nelle verdure sono, per lo più, circondate da una specie di reticolo che ne ostacola l'assimilazione. Inoltre sarebbe troppo ossessivo anche per un pignolo essere così precisi. Si possono ottenere ottimi risultati semplicemente seguendo bene il metodo a blocchi: non serve niente di più.

Consumare alcuni frutti grossi a metà (mezza mela, mezza pera eccetera) mi fa sentire a dieta, a disagio, e in più lo trovo esagerato...

I quantitativi riportati nelle tabelle per l'utilizzo del metodo a blocchi indicano le quote di cibo che corrispondono a 1 miniblocco, quindi che contengono, per quanto riguarda i carboidrati come la mela, 9 g di macronutrienti. È chiaro che non tutti i frutti sono uguali: la grossezza, la varietà, il grado di maturazione, il periodo di raccolta eccetera costituiscono variabili mal quantificabili in senso generale, ma che influiscono sul loro contenuto glucidico. I quantitativi delle tabelle si riferiscono ai dati dell'Istituto della Nutrizione, che li elabora su una media dei prodotti nazionali, per cui sono il risultato di una valutazione che giustamente uniforma i dati e non vuole rappresentare i casi particolari, se non per alcune varietà di appartenenza che comunque non incidono significativamente sui quantitativi della Zona.

Nello specifico di questo metodo alimentare, tali dati possono essere seguiti scrupolosamente, senza nemmeno « barare », per esempio, mangiando sì metà mela, ma scelta soprattutto valutandone il volume; oppure la Zona può essere interpretata con più scioltezza scegliendo di mangiare la mela intera, magari non grossa, per consumare 1 miniblocco di carboidrati.

La variabilità del prodotto e la flessibilità del metodo permettono queste scelte e iniziative.

Sicuramente la libertà dipende anche dal tipo di alimento che si vuole trattare con disinvoltura: per esempio, il discorso per il pane è diverso da quello per la verdura. Per il primo bastano modeste variazioni volumetriche per assumere un quantitativo esagerato di carboidrati, per la seconda c'è molta più libertà; la frutta ha un impatto glicemico medio, che sta tra i due casi citati.

Perciò vanno bene le valutazioni personali, che devono comunque tenere conto delle informazioni nutrizionali fornite, ma anche dell'applicabilità del metodo secondo le esigenze individuali, in modo da non « subire », ma « scegliere » la Zona.

Posso mangiare come spuntino solo un frutto?

No, perché lo spuntino non sarebbe bilanciato in tutti i suoi macronutrienti, cioè carboidrati, proteine e grassi. Il frutto costituisce solo la quota di carboidrati: bisogna aggiungere le proteine e i grassi.

Se con la Zona non interessano le calorie, come faccio a sapere se sto mangiando troppo?

Con la Zona il fabbisogno di cibo giornaliero si deduce dalla propria massa magra e dalla propria attività fisica, né più né meno. Se interessa sapere l'ammontare calorico giornaliero conseguente all'alimentazione pro Zona, si può stimare approssimativamente in 1000-1200 calorie al giorno per una donna media e 1400-1500 calorie per un uomo medio. Sono valori moderati che comunque non fanno sentire fame, grazie al controllo ormonale esercitato.

Se le precedenti tabelle pubblicate sui libri che riguardavano la Zona non erano conformi ai cibi italiani, mi avrà causato problemi seguirle?

Le maggiori differenze, per quanto concerne i quantitativi, riguardano principalmente una fascia di macronutrienti che sono incoraggiati dalla Zona, ma non sono esclusivi: i carboidrati favorevoli.

Perché ciò possa aver costituito un problema per l'entrata nella Zona, non per la salute, dovrebbero essere stati consumati a lungo quantitativi inadeguati, in modo esclusivo, senza ricorso a nessun'altra fonte di carboidrati, che invece registra quote uguali o molto simili nelle due tabelle.

La ripercussione di questa difformità può essersi rivelata con una permanenza nella Zona non proprio al centro dell'intervallo consentito, cioè anziché assestarsi su valori prossimi a 0,75 nel rapporto proteine/carboidrati, si è mantenuta su valori prossimi a 1. Ciò ovviamente non costituisce un problema per la maggior parte delle persone: lo testimoniano gli ottimi risultati raggiunti, i quali peraltro hanno ulteriormente decretato e confermato il successo e la flessibilità della Zona. Solo grandi atleti, abituati a osservare e a valutare le proprie performance, possono avere notato e focalizzato l'attenzione su questo aspetto, che per loro viene amplificato dalle maggiori richieste e prestazioni organiche.

L'elasticità del metodo consente anche questo. Tuttavia è importante seguire la Zona nel migliore dei modi, nel rispetto di un suo principio che è quello di trattare il cibo come un farmaco: il «carburatore» ormonale funziona tanto meglio quanto più è esatta la sua messa a punto e, a volte, ci vuole così poco...

Come è possibile che la Zona produca tanti effetti positivi in ambiti così diversi: dalla massa grassa ai problemi cardiovascolari, dalla sclerosi multipla alla depressione?

Il coinvolgimento della Zona in patologie diverse e sicuramente distanti tra loro, per varietà di manifestazioni e di zone corporee interessate, non è un delirio di onnipotenza di Barry Sears, ma la logica conseguenza dell'individuazione del fattore comune che le determina, e che quindi le raggruppa: l'azione degli eicosanoidi.

Questo metodo alimentare, nel suo obiettivo più ambizioso, si propone di agire su questi ormoni potentissimi che sono presenti in ogni cellula. Essi svolgono la loro funzione nello spazio limitrofo al luogo di sintesi, lavorano a concentrazioni bassissime, restano attivi per pochissimo tempo e poi si inattivano.

La Zona vuole agire sul loro competitivo meccanismo di sintesi, promuovendone una modulazione favorevole, cioè deviandone la produzione verso quelli buoni, in contrasto con le tendenze attuali che, attraverso un'alimentazione sbagliata, favoriscono la sovrapproduzione di quelli cattivi, con gravi danni sulla salute pubblica, che registra l'aumento di alcune affezioni.

Il punto di partenza di questo progetto è la limitazione degli eccessi d'insulina, che esercita il suo nefasto effetto proprio su questo equilibrio, oltre che sull'accumulo di massa grassa, la cui riduzione è un obiettivo secondario e collaterale ma estremamente gradito.

Gli eicosanoidi controllano a livello cellulare ogni singola funzione fisiologica, e i loro potenti effetti sono diversificati: in alcuni soggetti lo squilibrio tra quelli buoni e quelli cattivi porterà a cardiopatie, in altri a malattie autoimmuni, in altri ancora a problemi legati a disfunzioni del sistema nervoso centrale.

L'alimentazione, secondo il dottor Sears, può dare il suo contributo per il ripristino di questo equilibrio alterato tra eicosanoidi buoni e cattivi che il cibo e le abitudini moderne hanno negativamente acuito. Egli ritiene che il passaporto per la salute, nel terzo millennio, consisterà nel controllo ormonale.

Per l'organizzazione del mio lavoro non posso fare 3 pasti principali: posso ugualmente seguire la Zona?

Sicuramente sì. Si può cominciare con una buona colazione che si organizza a casa; poi, se il problema è il pranzo, è sufficiente proseguire nella giornata con spuntini intervallati fino ad arrivare alla cena che avverrà come un pasto normale. L'ammontare dei blocchi giornalieri deve però essere corretto: né più né meno, e il gioco è fatto. Un esempio, con riferimento al metodo a blocchi, per l'ammontare di 12 blocchi: colazione = 3 blocchi – ore 12 = spuntino da 2 blocchi – ore 16 = spuntino da 2 blocchi – ore 20 = cena da 4 blocchi – spuntino serale = 1 blocco.

Se invece si preferiscono spuntini da 1 blocco, devono essere più frequenti perché non bisogna superare le 2 ore o 2 ore e mezzo tra uno e l'altro.

In questa dieta ci sono troppe verdure da mangiare e io non ho il tempo per prepararle: come fare?

Non è necessario usare esclusivamente le verdure per soddisfare la propria quota di carboidrati: per rimanere sempre in una scelta favorevole ci sono anche la frutta, l'avena e l'orzo.

Un valido aiuto si può trovare nelle verdure surgelate, che vanno benissimo. Anche se non mantengono tutte le proprietà di quelle fresche, hanno il grande vantaggio di essere pronte.

I grandi quantitativi di verdure si possono utilizzare soprattutto nel primo periodo nella Zona, se piacciono o se c'è necessità di soddisfare una grande richiesta di cibo. Inoltre si possono introdurre anche fonti glucidiche più «dense» e sfavorevoli, come per esempio pasta o grissini, facendo attenzione che rispettino i quantitativi e le modalità d'uso stabiliti.

Non ho mai seguito diete dimagranti, ma questa mi piace. Ho però paura per le rinunce che dovrò fare...

In genere una dieta dimagrante porta con sé i concetti di rinunce e sofferenze. Non è così per la Zona. Con questo metodo alimentare si dimagrisce senza patire la fame, perché la Zona si basa sul controllo ormonale, tanto più corretto quanto più promuove la calma insulinica. È questa azione a controllare la sensazione di bramosia, di appetito incolmabile. Nessuna rinuncia è necessaria, basta seguire i pochi consigli iniziali per raggiungere un risultato più rapido ed efficace. Ognuno può inventarsi il proprio pasto a suo gusto, senza rinunce, ma con la consapevolezza di quello che fa e con la certezza delle risposte ormonali che il cibo determina. Nessuna paura, dunque: sarà facile scoprire quanto ne valeva la pena!

APPENDICI

Appendice A

Miniblocchi di macronutrienti

I QUANTITATIVI corrispondono a 1 miniblocco di macronutriente pesato crudo. Qualche legume e alcune verdure riportano anche i pesi dopo la cottura.

I dati si riferiscono alla parte edibile dell'alimento.

Gli alimenti confezionati che riportano valori nutrizionali in etichetta vanno valutati in base ai dati specifici.

I prodotti contraddistinti con ✔ sono certificati dal dottor Sears.

MINIBLOCCHI DI PROTEINE
(circa 7 g di proteine ciascuno)

Fonti privilegiate – miglior scelta

Carni fresche	**peso**
agnello, coscia e costoletta	g 35
cervo	g 35
faraona, petto	g 30
lumache	g 55
pollo, petto	g 30
rana	g 50

(segue)

Carni fresche	peso
struzzo	g 35
tacchino, petto	g 30
vitello	g 35

Carni trasformate	peso
bresaola	g 20
carne bovina in gelatina, in scatola	g 55

Prodotti della pesca	peso
acciuga o alice	g 40
acciuga o alice sott'olio o sotto sale	g 30
anguilla d'allevamento, filetti*	g 50
anguilla di fiume*	g 60
aragosta	g 45
aringa fresca	g 45
aringa affumicata	g 35
aringa marinata	g 40
aringa sotto sale	g 35
boga	g 40
branzino	g 40
calamaro	g 55
capitone	g 55
carpa	g 35
cefalo muggine	g 45
uova di cefalo muggine, bottarga	g 20
cernia	g 40
coregone	g 40
corvina	g 35
cozza o mitilo	g 60
dentice	g 40
gamberi e gamberetti	g 50
granchio	g 40
halibut	g 40
luccio	g 40
malù o pesce mollo	g 40
stoccafisso ammollato	g 35
stoccafisso secco	g 10

(segue)

Prodotti della pesca	peso
merluzzo o nasello fresco	g 40
baccalà ammollato	g 30
baccalà secco	g 25
mormora	g 40
occhiata	g 35
orata	g 35
pagello	g 35
palombo	g 45
pesce gatto	g 45
pesce persico	g 45
pesce spada	g 45
polpo	g 65
razza	g 50
rombo	g 45
salmone fresco	g 40
salmone affumicato	g 30
salmone in salamoia	g 35
salpa	g 40
sarda	g 35
sardine*	g 35
scorfano	g 35
seppia	g 50
sgombro o maccarello fresco	g 40
sgombro o maccarello in salamoia	g 35
sogliola	g 40
spigola selvatica	g 40
spigola d'allevamento	g 30
storione	g 35
uova di storione (caviale)	g 25
suro o sugarello	g 40
tinca	g 40
tonno fresco	g 30
tonno in salamoia	g 30
tonno sott'olio (sgocciolato)	g 30
triglia	g 45
trota	g 50
trota d'allevamento, filetti	g 35
vongole	g 70

* particolarmente grasse, non serve la quota di grassi aggiunti

Formaggi	peso
cacioricotta di capra	g 60
caciottina fresca	g 40
dolce verde	g 35
feta	g 45
fiocchi di formaggio magro	g 70
fior di latte	g 35
formaggi cremosi spalmabili light formaggi light	g 75
	g 45
mozzarella di vacca	g 35
ricotta di bufala	g 65
ricotta di pecora	g 75
ricotta di vacca	g 80

Uova	quantità
albume	2

Proteine speciali	peso	quantità
proteine di soia in polvere – secondo concentrazione	g 8-10	
✔ proteine in polvere Gymline Enervit Cross Protein 90%	g 9	
✔ proteine in polvere Gymline Enervit Big 90%	g 9	
compresse di amminoacidi a catena ramificata puri (BCAA)		7
✔ compresse di albume d'uovo		7

Fonti... quasi privilegiate – discreta scelta

Carni fresche	peso
bovino, tagli magri	g 35
capretto	g 35
cavallo, tagli magri	g 35
coniglio, senza coscia	g 35
fagiano	g 30
faraona, senza petto	g 30
maiale, tagli magri	g 35
pollo senza pelle, senza petto	g 35
quaglia	g 30
tacchino senza pelle, senza petto	g 40

Carni trasformate	peso
prosciutto cotto sgrassato	g 30
prosciutto crudo sgrassato	g 25
speck sgrassato	g 25

Formaggi*	peso
brie	g 35
caciotta romana, di pecora	g 25
caciottina vaccina	g 35
camembert	g 35
crescenza	g 45
fontina	g 30
gorgonzola	g 35
grana	g 20
groviera	g 25
italico	g 35
mozzarella di bufala	g 40
parmigiano	g 20
provolone	g 25
robiola	g 35
scamorza	g 30
stracchino	g 40
taleggio	g 35

* non serve la quota di grassi aggiunti

Uova	quantità
intero	1

Fonti da usare con moderazione – pessima scelta

Carni fresche*	peso	quantità
agnello, senza coscia e costoletta	g 35	
anatra domestica	g 35	
big burger		1/4
bovino, tagli grassi	g 35	
cavallo, tagli grassi	g 35	
cheese burger		1/2
coniglio, coscia	g 35	
frattaglie varie	g 30	
gallina	g 35	
hamburger		1/2
maiale, tagli grassi	g 35	
oca	g 45	
pollo con pelle	g 35	
tacchino con pelle	g 35	

* non serve la quota di grassi aggiunti

Carni trasformate*	peso
capocollo	g 35
carne bovina pressata, in scatola	g 45
ciccioli	g 15
coppa Parma	g 30
cotechino precotto	g 40
mortadella	g 50
pancetta	g 30
pâté di coniglio, di fegato	g 55
pâté di pollo, di prosciutto	g 60
salame	g 25
salsiccia di suino	g 45
würstel	g 50
zampone precotto	g 35

* non serve la quota di grassi aggiunti

Formaggi*	peso
Burrini **	g 30
butirro calabro	g 30
caciocavallo	g 20
caciotta mista	g 30
caciotta toscana	g 30
caciottina mista	g 25
cheddar	g 30
emmenthal	g 25
formaggio molle da tavola	g 25
latteria	g 25
mascarpone **	g 90
pecorino	g 25
pecorino romano	g 25
pecorino siciliano	g 25

* non serve la quota di grassi aggiunti
** particolarmente grassi

Uova	quantità
tuorlo	2

MINIBLOCCHI DI CARBOIDRATI
(circa 9 g di carboidrati ciascuno)

Fonti privilegiate, favorevoli – miglior scelta

Legumi	peso crudo	peso cotto
borlotti freschi	g 40	
borlotti in scatola, scolati	g 55	
borlotti secchi	g 20	
cannellini secchi	g 20	
cannellini in scatola, scolati	g 70	
ceci secchi	g 20	g 60
fagioli dall'occhio, secchi	g 20	
fagioli secchi	g 20	g 50
fagiolini	g 380	g 360

(segue)

Legumi	peso crudo	peso cotto
fave fresche	g 200	g 160
fave secche	g 15	
lenticchie secche	g 15	g 45
lenticchie in scatola, scolate	g 60	
lupini ammollati	g 125	

Verdure, tuberi, erbe aromatiche	peso crudo	peso cotto
agretti	g 400	
asparagi di bosco	g 225	
asparagi di campo	g 270	
asparagi di serra	g 300	g 290
bieta	g 320	g 280
broccolo a testa	g 290	g 280
carciofi	g 360	g 270
cardi	g 530	g 320
cavolfiore	g 330	g 300
cavolini di Bruxelles	g 215	g 190
cavolo broccolo verde ramoso	g 450	
cavolo cappuccio rosso	g 335	
cavolo cappuccio verde	g 360	g 360
cetrioli	g 500	
cicoria da taglio	g 530	
cicoria di campo*	g 1300	g 1300
cicoria Witloof o indivia belga	g 280	
cime di rapa	g 450	
cipolle	g 160	g 130
cipolline	g 100	
finocchi*	g 900	g 800
fiori di zucca*	g 1800	
foglie di rapa	g 320	
funghi coltivati, Pleurotes	g 200	
funghi coltivati, porcini	g 900	
funghi coltivati, prataioli*	g 1100	
indivia	g 330	
lattuga*	g 400	
lattuga a cappuccio	g 300	
lattuga da taglio*	g 400	
melanzane	g 350	g 280
menta	g 170	

(segue)

Verdure, tuberi, erbe aromatiche	peso crudo	peso cotto
peperoni	g 200	g 170
peperoni gialli	g 130	
peperoni rossi e gialli	g 130	
peperoni verdi	g 150	
pomodori da insalata	g 300	
conserva di pomodori	g 45	
passata di pomodori	g 300	
pomodori maturi	g 250	
pomodori pelati, in scatola, frutto e succo	g 300	
pomodori San Marzano	g 300	
succo di pomodori	g 300	
porri	g 170	
radicchio rosso	g 550	
radicchio verde*	g 1800	
rape	g 240	g 230
ravanelli	g 500	
rughetta o rucola	g 230	
sedano	g 380	
sedano rapa	g 230	
spinaci	g 300	g 260
tarassaco o dente di leone	g 250	
tartufo nero*	g 1300	
zucchine	g 640	g 600

* nonostante sia indicato un quantitativo, in pratica sono a consumo libero

Frutta	peso	quantità
albicocche	g 130	3
amarene	g 90	
ananas	g 90	
anona	g 60	
arance	g 115	1/2
babaco	g 200	
ciliegie	g 100	7
clementine	g 100	1
cocomero	g 250	
fragole	g 170	
kiwi	g 100	1
lamponi	g 140	

(segue)

Frutta	peso	quantità
limoni	g 400	
litchi	g 50	
macedonia al naturale	g 120	
mandaranci	g 70	1
mandarini	g 50	1
melagrane	g 50	
mele	g 90	1/2
mele cotogne	g 140	
meloni d'inverno	g 180	
meloni d'estate	g 120	
mirtilli	g 175	
nespole	g 150	
passiflora	g 160	
pere	g 100	1/2
pesche	g 150	
pompelmo	g 145	
prugne	g 85	
prugne gialle	g 125	
prugne rosse	g 85	
ribes	g 135	
uva	g 60	

Cereali	peso crudo	peso cotto
avena	g 20	g 50
farina d'avena	g 15	
farina d'orzo	g 15	
fiocchi d'avena	g 10	
orzo perlato	g 15	g 60
orzo mondo	g 20	

Fonti da usare con moderazione – sfavorevoli

Legumi	peso crudo	peso cotto
piselli freschi	g 140	g 120
piselli in scatola, scolati	g 80	
piselli secchi	g 20	

Verdure e ortaggi	**peso crudo**	**peso cotto**
barbabietola	g 225	
carote	g 120	g 120
granoturco		g 30
patate	g 50	
patate arrosto		g 35
patate fritte		g 30
patate novelle	g 60	
patatine fritte		g 15
zucca gialla	g 250	

Frutta	**peso**
albicocche disidratate	g 10
albicocche secche	g 15
banane	g 60
castagne	g 25
castagne secche	g 15
ciliegie candite	g 15
datteri secchi	g 15
fichi d'India	g 70
fichi freschi	g 80
fichi secchi	g 15
kaki	g 55
mango	g 70
mele disidratate	g 10
papaia	g 130
pere candite	g 10
pesche disidratate	g 10
pesche secche	g 15
prugne secche	g 15
uva secca	g 10

Cereali e derivati	**peso**	**quantità**
cracker salati	g 10	2
farina di grano duro	g 15	
farina di grano duro integrale	g 15	
farina di grano duro tipo 0 o 00	g 10	
farina di mais	g 10	
farina di mais cotto	g 40	
farina di segale	g 15	

(segue)

Cereali e derivati	peso	quantità
farro	g 15	
fette biscottate	g 10	1
fette biscottate integrali	g 15	1
grissini	g 15	2
pane tipo 0 o 00	g 15	
pane al latte	g 15	
pane all'olio	g 15	
pane da toast	g 15	1
pane di segale	g 20	
pane integrale	g 20	
pasta all'uovo	g 10	
pasta di semola	g 10	
pasta di semola cotta	g 30	
riso brillato	g 10	
riso integrale	g 15	
semola	g 10	

Dolci	peso	quantità
babà al rum	g 20	
biscotti frollini*	g 10	1
biscotti integrali*	g 15	
biscotti secchi	g 10	
biscotti wafer*	g 10	
canditi	g 10	
cannoli alla crema*	g 40	
caramelle dure	g 10	
caramelle tipo mou	g 10	
cioccolato*	g 20	
cornetto*	g 15	1/2
crema di nocciole*	g 15	
croissant, sola pasta*	g 25	1/2
crostata	g 15	
crostata confezionata*	g 10	
fruttosio	g 10	1 cucchiaio
gelato al cacao	g 35	
cono di gelato	g 30	
gelato confezionato con biscotto e crema, zabaione e cioccolato	g 20	
gelato fior di latte	g 45	
gelato nocciola	g 35	

(segue)

Dolci	peso	quantità
gelato panna	g 35	
ghiacciolo all'arancia	g 25	
marmellata	g 15	
merendine tipo pan di Spagna	g 15	
merendine tipo pasta frolla	g 10	
miele	g 8	1/2 cucchiaio
panettone	g 15	
pasta di mandorle	g 15	
savoiardi	g 15	
torrone alla mandorla	g 15	
wafer ricoperto di cioccolato	g 15	
zucchero	g 8	

* non serve la quota di grassi aggiunti

Bevande e alcolici	peso
aperitivi	g 50
aranciata	g 100
birra	g 180
cola, tipo	g 100
superalcolici	g 30
vino	g 120

Succhi di frutta	peso
succo di albicocca	g 60
succo di arancia	g 100
succo di pera	g 60
succo di uva	g 50

MINIBLOCCHI DI GRASSI AGGIUNTI
(circa 1,5 g di grassi ciascuno)

Fonti privilegiate, favorevoli – miglior scelta

	peso	quantità
anacardi	g 3	3
arachidi	g 3	6
avocado	g 6	
mandorle	g 3	3
nocciole	g 2,5	3
noci di macadamia	g 2,5	1
noci fresche	g 2,5	1
noci pecan	g 2	1
noci secche	g 2	1
olio d'oliva	g 1,5	1/3 cucch. da tè
olio extravergine d'oliva	g 1,5	1/3 cucch. da tè
olive conservate	g 5	3
olive nere	g 5	3
olive verdi	g 10	3
pinoli	g 3	8
pistacchi	g 2,5	6

Fonti... quasi privilegiate – discreta scelta

	peso	quantità
maionese light	g 6	
olio di arachidi	g 1,5	1/3 cucch. da tè
olio di sesamo	g 1,5	1/3 cucch. da tè

Fonti da usare con moderazione – pessima scelta

	peso	quantità
burro	g 2	
lardo	g 1,5	
maionese	g 2	

	peso	quantità
margarina	g 2	
olio, altri tipi	g 1,5	
panna	g 4	
strutto	g 1,5	

ALIMENTI A COMPOSIZIONE MISTA

Fonti privilegiate, favorevoli – miglior scelta

Latte e yogurt	**peso**
latte di vacca, parzialmente scremato*	g 200
latte di vacca, UHT, parzialmente scremato*	g 200
yogurt bianco, parzialmente scremato*	g 200

* contengono proteine, carboidrati e grassi nelle giuste proporzioni

Soia		**miniblocchi di proteine**	**miniblocchi di carboidrati**	**miniblocchi di grassi**
fagioli	g 40	2	1	2,5
farina	g 40	2	1	3
germogli	g 300	2,5	1	1,5
latte	g 240	1	-	1,5
tempeh	g 45	1	-	1
tofu	g 65	1	-	1,5

Barrette	**numero blocchi**
✔ EnerZona Snack 40-30-30	1
✔ EnerZona Nutrition Bar 40-30-30 con Omega	2
✔ Enervit Protein Snack	1
✔ Enervit Protein Sostituto di un pasto	2

Instant Meal	numero blocchi
✔ EnerZona Instant Meal 40-30-30 in acqua	2
✔ EnerZona Instant Meal 40-30-30 in latte parz. scremato	3

Frappé	miniblocchi di carboidrati	miniblocchi di proteine	miniblocchi di grassi
✔ Enervit Protein in busta 35,5 g in acqua	2	1,5	–
✔ Enervit Protein in busta 35,5 g in latte parzialmente scremato	3	2,5	1

Fonti... quasi privilegiate – discreta scelta

Cereali e derivati	peso	miniblocchi di carboidrati	miniblocchi di proteine
germe di grano duro e tenero	g 15	1	1/2
tortellini freschi confezionati	g 20	1	1/3
tortellini secchi confezionati	g 15	1	1/3

SUPPLEMENTI

✔ EnerZona Omega 3 RX	: integratore di olio di pesce a distillazione molecolare
✔ MCE Proenergy	: integratore di vitamina C ed estratto di canna da zucchero
integratore di vitamina E	
agrumina	: integratore di vitamina C con fruttosio

Appendice B

I menù della Zona

Colazioni dolci da 2 blocchi

Ogni proposta riportata di seguito può essere accompagnata a piacere da tè o caffè (da solo o aggiunto al latte).

☆

1 bicchiere di latte parzialmente scremato (200 g) o yogurt bianco parzialmente scremato (200 g)
1 misurino di proteine in polvere (9 g) o 7 compresse di albume d'uovo
1/2 mela o 1 mela piccola (90 g) o 1 kiwi (100 g) o 170 g di fragole o 120 g di macedonia
3 mandorle o 1 noce o 3 nocciole o 6 arachidi

☆

1 bicchiere di latte parzialmente scremato (200 g) o yogurt bianco parzialmente scremato (200 g)
1 misurino di proteine in polvere (9 g) o 7 compresse di albume d'uovo
1 o 2 biscotti (10-15 g in base al tipo) (se sono secchi aggiungere 3 mandorle) oppure 1/2 cornetto o 1/2 croissant senza crema

☆

14 compresse di albume d'uovo
1 mela o 2 mele piccole (180 g) o 2 kiwi (200 g) o 1 arancia (230 g) o ciliegie (200 g) o lamponi (280 g) o macedonia al naturale (240 g)
6 mandorle o 2 noci o 6 nocciole o 12 arachidi

☆

400 g di latte parzialmente scremato o 400 g di yogurt bianco parzialmente scremato

☆

200 g di latte parzialmente scremato
200 g di yogurt bianco parzialmente scremato

☆

1 barretta bilanciata sostituto di un pasto

☆

1 bicchiere di latte parzialmente scremato (200 g) o yogurt bianco parzialmente scremato (200 g)
1/2 barretta bilanciata sostituto di un pasto

☆

1 dose di frappé in acqua (vedi Appendice A)
4 compresse di albume d'uovo
6 mandorle

☆

frullato con 200 g di latte parzialmente scremato
1 misurino di proteine in polvere o 7 compresse di albume d'uovo
120 g di frutta mista a piacere (per esempio: mela, pesca, pera...) o un solo tipo di frutto (per esempio: 170 g di fragole)
3 mandorle o 1 noce o 3 nocciole o 6 arachidi

☆

160 g di ricotta vaccina
20 g di fruttosio
5 g di granella di nocciole
a piacere: una spruzzata di polvere di cannella

☆

1 bicchiere di latte parzialmente scremato (200 g) o yogurt bianco parzialmente scremato (200 g)
1 misurino di proteine in polvere o 7 compresse di albume d'uovo
20 g di cioccolato

☆

1 bicchiere di latte parzialmente scremato (200 g)
1 misurino di proteine in polvere o 7 compresse di albume d'uovo
1 fetta biscottata (10 g) meglio se integrale (15 g) e un velo di marmellata o miele
6 pistacchi o 8 pinoli o 3 mandorle o 1 noce o 3 nocciole o 6 arachidi

☆

1 bicchiere di latte parzialmente scremato (200 g)
1 misurino di proteine in polvere o 7 compresse di albume d'uovo
1 formella di frumento integrale
1 noce o 3 nocciole

Colazioni salate da 2 blocchi

toast composto da 2 fette di pane (30 g totali) meglio se fette di pane integrale (40 g totali) o ai 5 cereali (30 g totali) e

60 g tra prosciutto sgrassato e formaggio tipo fontina o sottilette

☆

160 g di ricotta vaccina
1 mela (180 g) o 2 kiwi (200 g) o 1 pesca (300 g) o 270 g di ribes
6 olive

☆

40 g di bresaola
4 cracker (20 g) o 4 grissini (30 g) meglio se integrali
1 cucchiaino da tè di olio e limone o 6 olive

☆

1 uovo al tegamino con prosciutto sgrassato e formaggio magro (30 g totali)
4 cracker (20 g) o 4 grissini (30 g) meglio se integrali
6 olive

☆

50 g di prosciutto crudo o speck sgrassati
30 g di pane meglio se integrale (40 g)
2 cucchiaini di maionese light (12 g)

☆

60 g di prosciutto cotto sgrassato
4 cracker (20 g) o 4 grissini (30 g) meglio se integrali o 2 formelle di frumento integrale
6 olive

☆

1 uovo intero e 2 albumi strapazzati
4 cracker (20 g) o 4 grissini (30 g) meglio se integrali
6 olive o 12 pistacchi o 16 pinoli

☆

frittata con 1 uovo intero e 2 albumi
40 g di pane integrale o 4 cracker (20 g) o 4 grissini (30 g) meglio se integrali
6 olive o 12 pistacchi o 16 pinoli

☆

4 albumi al tegamino
40 g di pane integrale o 4 cracker (20 g) o 4 grissini (30 g) meglio se integrali
6 olive o 12 pistacchi o 16 pinoli

☆

70 g di mozzarella vaccina
40 g di pane integrale o 4 cracker o 4 grissini
1 cucchiaino da tè di olio extravergine d'oliva o 6 olive o 12 pistacchi

☆

140 g di fiocchi di formaggio magro
40 g di pane integrale o 4 cracker o 4 grissini o 2 formelle di frumento integrale
6 olive o 16 pinoli

☆

50 g di groviera o pecorino
40 g di pane integrale o 4 cracker o 4 grissini

☆

frittata o omelette con 1 uovo intero e 20 g di parmigiano
40 g di pane integrale o 4 cracker o 4 grissini
3 olive o 6 pistacchi o 8 pinoli

☆

1 uovo strapazzato intero
30 g di prosciutto cotto
40 g di pane integrale o 4 cracker o 4 grissini
3 olive o 6 pistacchi o 8 pinoli

☆

panino composto da 30 g di pane o da 40 g di pane integrale e 60 g di prosciutto cotto sgrassato
6 olive o 12 pistacchi o 16 pinoli

☆

1 bicchiere di latte parzialmente scremato (200 g) o yogurt bianco parzialmente scremato (200 g)
1/2 toast composto da 20 g di pane integrale e 30 g di prosciutto cotto sgrassato
3 mandorle o 1 noce

Colazioni per vegetariani da 2 blocchi

Oltre ad alcune proposte già presentate,
le seguenti costituiscono ulteriori possibilità
di colazioni per vegetariani.

☆

240 g di latte di soia
1 misurino di proteine in polvere o 7 compresse di albume d'uovo
1 fetta biscottata (10 g) meglio se integrale con 15 g di marmellata o 1/2 cucchiaino (8 g) di miele
3 pistacchi o 4 pinoli

☆

240 g di latte di soia
1 misurino di proteine in polvere o 7 compresse di albume d'uovo
1 cornetto (30 g) o 1 croissant (50 g) senza crema

☆

frullato con 240 g di latte di soia
1 misurino di proteine in polvere o 7 compresse di albume d'uovo
240 g di frutta mista
3 pistacchi o 4 pinoli

☆

toast composto da 2 fette di pane (30 g totali) meglio se integrale (40 g totali) o ai 5 cereali (30 g totali) e 60 g di formaggio tipo fontina o sottilette

☆

panino composto da 30 g di pane o 40 g di pane integrale e 70 g di mozzarella vaccina
6 olive o 12 pistacchi o 16 pinoli

Pranzi o cene da 3 blocchi

Le prime proposte sono semplici e schematiche per guidare i principianti all'utilizzo delle tabelle degli alimenti.

I menù diventano a poco a poco più complessi, per accompagnare alla preparazione di piatti più elaborati che vengono lasciati alla bravura e all'inventiva del singolo che, con la sapienza e l'esperienza acquisite nel tempo, può trovare, instradato da qualche suggerimento, il modo per adeguare le ricette tradizionali alle esigenze della Zona, apportando solo alcune modifiche.

Si ricorda che ogni pasto può essere accompagnato da insalata o verdure a basso contenuto glucidico senza che il loro quantitativo vada conteggiato nel computo dei carboidrati.

Il quantitativo di olio è superiore a quello della tabella degli alimenti per i motivi spiegati a p. 108.

Il peso degli alimenti si riferisce alla parte edibile.

I vegetariani possono scegliere, tra gli esempi, quelli più adatti alla loro alimentazione.

☆

90 g di petto di pollo alla piastra
380 g di fagiolini
1 cucchiaio di olio extravergine d'oliva
1 mela o 2 mele piccole

☆

120 g di branzino filettato al forno
320 g di biete
1 cucchiaio di olio extravergine d'oliva
2 kiwi

☆

105 g di filetto di struzzo ai ferri
330 g di cavolfiore
1 cucchiaio di olio extravergine d'oliva
1 pera

☆

120 g di salmone al cartoccio
300 g di pomodori da insalata
1 cucchiaio di olio extravergine d'oliva
340 g di fragole

☆

1 piatto di minestra di verdure
105 g di bistecca di manzo magro ai ferri
300 g di spinaci
1 cucchiaio di olio extravergine d'oliva
1 mandarino

☆

135 g di pesce spada ai ferri
230 g di rucola
1 cucchiaio di olio extravergine d'oliva
140 g di lamponi
1 bicchiere di vino (120 g)

☆

40 g di avena
105 g di mozzarella vaccina
1 cucchiaio di olio extravergine d'oliva
175 g di mirtilli

☆

75 g di prosciutto crudo sgrassato (4-5 fette)
120 g di melone estivo (2-3 fette)
1 piccolo panino (15 g) o 1 fetta di pane integrale (20 g)
175 g di mirtilli
9 olive

☆

frittata con 1 uovo e 2 albumi
20 g di parmigiano
200 g di peperoni
1 cucchiaio di olio extravergine d'oliva
1 piccolo panino (15 g) meglio se integrale (20 g)
100 g di ciliegie

☆

Menù con Insalata di polpo

195 g di polpo
prezzemolo e aglio
1 cucchiaio di olio extravergine d'oliva

Lessare il polpo e tagliarlo a pezzetti. Unire un battuto di prezzemolo e aglio, l'olio, il sale, il pepe.

350 g di melanzane alla piastra
240 g di macedonia al naturale

Menù con Insalata caprese

1 mozzarella vaccina (105 g)
300 g di pomodori da insalata
basilico o origano
1 cucchiaio di olio extravergine d'oliva

Disporre sul piatto le fette di pomodoro alternate con quelle di mozzarella. Condire con olio, sale, basilico tagliato a striscioline oppure origano.

1 fetta di pane integrale (20 g)
1 kiwi

Menù con Insalata di mare

65 g di polpo + 50 g di gamberi + 30 g di cozze + 35 g di vongole
prezzemolo e aglio
1 cucchiaio di olio extravergine d'oliva

Lessare il polpo e i gamberi separatamente per i loro diversi tempi di cottura. A parte fare aprire le cozze e le vongole. Tagliare il polpo a pezzetti, unire i gamberi, le cozze e le vongole sgusciate. Insaporire con il battuto di prezzemolo e aglio, amalgamare con l'olio. Regolare di sale e pepe.

200 g di peperoni alla griglia
1 pera

Menù con Insalata di pollo

60 g di petto di pollo
25 g di groviera
funghi e sedano a piacere
1 cucchiaio di olio extravergine d'oliva
limone e senape

Lessare il petto di pollo e tagliarlo a striscioline. Aggiungere fettine sottilissime di funghi crudi e sedano bianchissimo a piacere. Unire il groviera tagliato sottilissimo. Condire con olio sbattuto con qualche goccia di limone e una punta di senape. Regolare di sale e pepe.

2 cracker
1 arancia non grossa

Menù con Insalata di cavolfiore alla napoletana

660 g di cavolfiore
capperi tagliuzzati
90 g di acciughe sott'olio o sotto sale
1 cucchiaio di olio extravergine d'oliva
aceto a piacere

Condire il cavolfiore lessato con olio, aceto e sale. Aggiungere le acciughe spezzettate e i capperi.

Si può mangiare calda, ma fredda è migliore.

1 mandarino

Menù con Insalata di asparagi

300 g di punte e parte tenera di asparagi di serra
100 g di gamberetti
1 uovo sodo o 2 albumi sodi
3 cucchiaini di maionese light (18 g)

Lessare gli asparagi e i gamberetti separatamente. Mescolare verdura e pesce con l'uovo a pezzetti, condire con la maionese oppure con 1 cucchiaio di olio extravergine d'oliva, limone, sale e pepe.

1 piccolo panino (15 g) o 1 fetta di pane integrale (20 g)
135 g di ribes

✯

Menù con Melanzane alla parmigiana

1 melanzana grossa (350 g)
20 g di parmigiano grattugiato
1/2 mozzarella vaccina (70 g)
passata di pomodoro
qualche foglia di basilico
1 cucchiaino da tè di olio extravergine d'oliva

Cuocere al microonde la melanzana dopo averla affettata. Disporre le fette in una pirofila, salare e intercalare con uno strato di parmigiano, uno di mozzarella tagliata sottile, la passata di pomodoro e il basilico. Ultimare con uno strato di melanzane e un filo d'olio e sale. Passare in forno per circa 30 minuti.

300 g di fragole

✯

Menù con Insalata arlecchino

finocchio crudo
250 g di ravanelli
200 g di peperoni verdi crudi
sedano bianco
cipolla cruda
1 uovo sodo
70 g di mozzarella vaccina
1 cucchiaio di olio extravergine d'oliva
succo di limone

Affettare le verdure insaporendo con sottili fettine di sedano bianco e cipolla. Unire l'uovo e la mozzarella tagliati e condire con olio sbattuto con qualche goccia di limone. Aggiustare di sale e pepe.

2 cracker

☆

Insalata nizzarda

1 piccola patata (75 g)
insalata verde a piacere
1 pomodoro maturo (250 g)
190 g di fagiolini
3 olive nere a listelli
1 uovo sodo
30 g di tonno sott'olio sgocciolato
30 g di acciughe sott'olio o sotto sale
2/3 di cucchiaio di olio extravergine d'oliva
aceto e succo di limone

Lessare la patata e i fagiolini. Tagliare a pezzetti e unire all'insalata e al pomodoro a spicchi. Condire con olio, aceto e un poco di succo di limone, sale e pepe. Aggiungere i listelli di olive, le acciughe spezzettate, l'uovo sodo a fettine o a pezzetti, il tonno sbriciolato.

☆

Pastasciutta al ragù

90 g di pasta pesata cotta
100 g di carne trita magra di manzo
cipolla
passata di pomodoro
1 cucchiaino di parmigiano
1 cucchiaio di olio extravergine d'oliva

Preparare il ragù iniziando con un soffritto di cipolla in poco olio. Unire poi la carne, rosolare e completare con un poco di passata di pomodoro. Regolare di sale. Condire la pasta cotta al dente con il ragù, il parmigiano, il rimanente olio.

Per restare nella Zona con le proposte che seguono
è sufficiente mangiare una porzione che sia pari
al proprio fabbisogno e completare
con i miniblocchi mancanti.

☆

Menù con Calamari ripieni

4 grossi calamari (600 g puliti)
2 cucchiaini di prezzemolo e poco aglio
120 g di mollica o pane grattugiato
20 g di parmigiano grattugiato
3 cucchiai di olio extravergine d'oliva

Tenere intatto il corpo dei calamari. Per il ripieno: tritare i tentacoli e il prezzemolo con l'aglio; mescolare al battuto la mollica di pane o il pane grattugiato e il parmigiano; bagnare e ammorbidire con l'olio il composto, regolare di sale e pepe. Riempire con l'impasto ben amalgamato i calamari e chiuderli servendosi di uno stecchino o di una cucitura con un grosso refe. Porli in forno dopo averli unti leggermente con un po' di olio e lasciarli cuocere per circa 30 minuti.

La ricetta è per 4 persone.

Un calamaro così cucinato corrisponde a 3 miniblocchi di proteine e grassi e a 2 miniblocchi di carboidrati.

175 g di mirtilli a testa

☆

Menù con Frittata con zucchine

6 uova intere e 6 albumi
60 g di parmigiano grattugiato
640 g di zucchine
1 cipolla (160 g circa)
2,5 cucchiai di olio extravergine d'oliva

Nel soffritto di cipolla tritata aggiungere le zucchine a rondelle, salare e portare a cottura. Sbattere le uova, unire il parmigiano e le zucchine raffreddate. Mescolare e salare. Mettere il composto in una teglia da forno e cuocere per 40 minuti.

La ricetta è per 4 persone.

La porzione da 3 miniblocchi di proteine e grassi corrisponde a 1/4 della frittata. Vanno aggiunti 2 e 1/2 miniblocchi di carboidrati che possono essere costituiti dalle ciliegie.

250 g di ciliegie a testa

☆

Menù con Sformato al prosciutto

240 g di prosciutto cotto tritato
40 g di parmigiano grattugiato
30 g di mollica di pane ammorbidita nel latte
1 uovo e 2 albumi

Spezzettare con una forchetta la mollica di pane bagnata e aggiungere il prosciutto, le uova sbattute e il parmigiano. Aggiustare di sale e pepe. Mettere in forno per circa 40 minuti.

La ricetta è per 4 persone.

La porzione da 3 miniblocchi di proteine corrisponde a 1/4 di sformato. Il pasto va completato con 2 e 1/2 miniblocchi di carboidrati e altrettanti di grassi che potrebbero essere il vino, la frutta e l'olio, a condimento di una verdura a basso contenuto glucidico come insalata o finocchi.

1 cucchiaio scarso di olio extravergine d'oliva a testa per condire l'insalata libera
180 g di macedonia al naturale a testa
1 bicchiere di vino (120 g) a testa

Alcune ricette della tradizione gastronomica italiana possono essere cucinate con varianti che non ne cambiano il gusto, ma servono a utilizzare le indicazioni nutrizionali della Zona. I 2 piatti che seguono ne sono un esempio.

☆

Menù con Torta pasqualina

480 g di biete o erbette
4 carciofi (360 g circa)

1 cipolla grossa (250 g circa)
400 g di ricotta vaccina
5 uova e 2 albumi
80 g di parmigiano grattugiato
1 cucchiaio scarso di olio extravergine d'oliva a testa

Questa variante fa a meno della pasta sfoglia che, se fatta in casa, necessita di parecchio burro, se surgelata contiene oli e grassi vegetali, idrogenati e non.

Nel soffritto di cipolla tritata aggiungere i carciofi tagliati a listarelle sottili e portare a cottura aggiustando di sale. Aggiungere a questo composto le erbette lessate e tritate e lasciare insaporire mescolando. A parte sbattere 1 uovo e 2 albumi, aggiungere la ricotta e il parmigiano: mescolare regolando di sale. Unire le verdure e mescolare. Mettere il composto in una teglia da forno e creare le fossette per alloggiare le 4 uova decorative superficiali lasciate intere. La cottura avviene in 40 minuti circa, quando le uova superficiali si sono rapprese.

La ricetta è per 4 persone.

La porzione da 3 miniblocchi di proteine corrisponde a 1/4 di torta pasqualina. Il pasto va completato con 2 miniblocchi di carboidrati e grassi che potrebbero essere 1 panino, la frutta e l'olio per condire un po' d'insalata a quantitativo libero.

1 panino (15 g) o 1 fetta di pane integrale (20 g) a testa
150 g di nespole a testa

☆

Menù con Gnocchi di ricotta

800 g di ricotta ben scolata
120 g di farina bianca
40 g di parmigiano grattugiato

qualche foglia di salvia
3 cucchiai di olio extravergine d'oliva

Impastare la ricotta con la farina e fare gli gnocchi. Lessarli in abbondante acqua ben salata. Raccoglierli con la schiumarola a mano a mano che vengono a galla. A parte insaporire l'olio mettendolo a scaldare con le foglie di salvia. Versare il condimento sugli gnocchi e cospargere con il parmigiano. Mescolare e servire.

La ricetta è per 4 persone.

La porzione da 3 miniblocchi di proteine e grassi è costituita da 1/4 degli gnocchi preparati. Il pasto va completato con 1 miniblocco di carboidrati che potrebbe essere la frutta.

90 g di ananas a testa

✯

Può risultare utile e interessante la proposta di un veloce e comodo pasto così costituito:

1 porzione di mousse dietetica
7 compresse di albume d'uovo
6 mandorle

Pranzi o cene da 4 blocchi

Le prime proposte sono semplici e schematiche per guidare i principianti all'utilizzo delle tabelle degli alimenti.

Le preparazioni diventano a poco a poco più complesse, per accompagnare alla preparazione di piatti più elaborati che vengono lasciati alla bravura e all'inventiva del singolo che, con la sapienza e l'esperienza acquisite nel tempo, può trovare il modo per adeguare le ricette tradizionali alle esigenze della Zona, apportando solo alcune modifiche.

Si ricorda che ogni pasto può essere accompagnato da insalata o verdure a basso contenuto glucidico senza che il loro quantitativo vada conteggiato nel computo dei carboidrati.

Il quantitativo di olio è superiore a quello della tabella degli alimenti per i motivi spiegati a p. 108.
Il peso degli alimenti si riferisce alla parte edibile.

I vegetariani possono scegliere, tra gli esempi, quelli più adatti alla loro alimentazione.

☆

120 g di petto di pollo alla piastra
380 g di fagiolini
1 cucchiaio di olio extravergine d'oliva
1 mela
1 mandarino

☆

160 g di branzino filettato al forno
320 g di biete
1 cucchiaio di olio extravergine d'oliva
2 grissini (15 g)
2 kiwi

☆

140 g di filetto di struzzo ai ferri
330 g di cavolfiore
1 cucchiaio di olio extravergine d'oliva
1 pera
1 mandarancio

☆

160 g di salmone al cartoccio
300 g di pomodori da insalata
1 cucchiaio di olio extravergine d'oliva
2 cracker (10 g)
340 g di fragole

☆

1 piatto di minestra di verdure
140 g di bistecca di manzo magro ai ferri
300 g di spinaci
1 cucchiaio di olio extravergine d'oliva
1 mandarino
1 kiwi

☆

180 g di pesce spada ai ferri
230 g di rucola
1 cucchiaio di olio extravergine d'oliva
140 g di lamponi
135 g di ribes
1 bicchiere di vino (120 g)

☆

60 g di avena
140 g di mozzarella vaccina
12 olive
175 g di mirtilli

☆

100 g di prosciutto crudo sgrassato (5-6 fette)
120 g di melone estivo (2-3 fette)
12 olive
1 piccolo panino (15 g) o 1 fetta di pane integrale (20 g)
175 g di mirtilli
1 bicchiere di vino (120 g)

☆

frittata con 2 uova e 2 albumi
20 g di parmigiano
200 g di peperoni

300 g di pomodori da insalata
1 cucchiaio di olio extravergine d'oliva
1 piccolo panino (15 g) meglio se integrale (20 g)
100 g di ciliegie

Menù con Insalata di polpo

260 g di polpo
prezzemolo e aglio
1 cucchiaio di olio extravergine d'oliva

Lessare il polpo e tagliarlo a pezzetti. Unire un battuto di prezzemolo e aglio, l'olio, il sale, il pepe.

350 g di melanzane alla piastra
1 piccolo panino (15 g) meglio se integrale (20 g)
240 g di macedonia al naturale

Menù con Insalata caprese

1 mozzarella vaccina (140 g)
300 g di pomodori da insalata
basilico e origano
1 cucchiaio di olio extravergine d'oliva

Disporre sul piatto le fette di pomodoro alternate con quelle di mozzarella. Condire con olio, sale, basilico tagliato a striscioline oppure origano.

1 fetta di pane integrale (20 g)
1 kiwi
1 mandarino

☆

Menù con Insalata di mare

65 g di polpo + 50 g di gamberi + 30 g di cozze + 35 g di vongole + 40 g di polpa di granchio
prezzemolo e aglio
1 cucchiaio di olio extravergine d'oliva

Lessare il polpo e i gamberi separatamente per i loro diversi tempi di cottura. A parte fare aprire le cozze e le vongole. Tagliare il polpo a pezzetti, unire i gamberi, le cozze e le vongole sgusciate. Insaporire con il battuto di prezzemolo e aglio, amalgamare con l'olio. Regolare di sale e pepe.

200 g di peperoni alla griglia
1 pera
1 kiwi

☆

Menù con Insalata di pollo

90 g di petto di pollo
25 g di groviera
funghi e sedano a piacere
320 g di biete
1 cucchiaio di olio extravergine d'oliva
limone e senape

Lessare il petto di pollo e tagliarlo a striscioline. Aggiungere fettine sottilissime di funghi crudi e sedano bianchissimo a piacere. Unire il groviera tagliato sottilissimo. Condire con olio sbattuto con qualche goccia di limone e una punta di senape. Regolare di sale e pepe.

2 cracker
1 arancia non grossa

☆

Menù con Insalata di cavolfiore alla napoletana

660 g di cavolfiore
capperi tagliuzzati
120 g di acciughe sott'olio o sotto sale
1 cucchiaio di olio extravergine d'oliva
aceto a piacere

Condire il cavolfiore lessato con olio, aceto e sale. Aggiungere le acciughe spezzettate e i capperi.
Si può mangiare calda, ma fredda è migliore.

1 piccolo panino (15 g) meglio se integrale (20 g)
1 mandarino

☆

Menù con Insalata di asparagi

300 g di punte e parte tenera di asparagi di serra
150 g di gamberetti
1 uovo sodo o 2 albumi sodi
4 cucchiaini di maionese light (25 g)

Lessare gli asparagi e i gamberetti separatamente. Mescolare verdura e pesce con l'uovo a pezzetti, condire con la maionese oppure con 1 cucchiaio di olio extravergine d'oliva, limone, sale e pepe.

1 piccolo panino (15 g) o 1 fetta di pane integrale (20 g)
135 g di ribes misti a 140 g di lamponi

☆

Menù con Melanzane alla parmigiana

1 melanzana grossa (500 g)
20 g di parmigiano grattugiato
1 mozzarella vaccina (105 g)
passata di pomodoro
qualche foglia di basilico
1 cucchiaino da tè di olio extravergine d'oliva

Cuocere al microonde la melanzana dopo averla affettata. Disporre le fette in una pirofila, salare e intercalare con uno strato di parmigiano, uno di mozzarella tagliata sottile la passata di pomodoro e il basilico. Ultimare con uno strato di melanzane e un filo d'olio e sale. Passare in forno per circa 30 minuti.

1 piccolo panino (15 g) meglio se integrale (20 g)
150 g di fragole e 90 g di mirtilli

✯

Menù con Insalata arlecchino

finocchio crudo
250 g di ravanelli
200 g di peperoni verdi crudi
sedano bianco
cipolla cruda
1 uovo e 1 albume sodi
90 g di mozzarella vaccina
1 cucchiaio di olio extravergine d'oliva
succo di limone

Affettare le verdure insaporendo con sottili fettine di sedano bianco e cipolla. Unire le uova e la mozzarella tagliati e condire con olio sbattuto con qualche goccia di limone. Aggiustare di sale e pepe.

2 cracker
1 bicchiere di vino (120 g)

☆

Insalata nizzarda

1 piccola patata (75 g)
insalata verde a piacere
pomodori maturi (370 g)
380 g di fagiolini
3 olive nere a listelli
1 uovo e 1 albume sodi
45 g di tonno sott'olio sgocciolato
30 g di acciughe sott'olio o sotto sale
1 cucchiaio di olio extravergine d'oliva
aceto e succo di limone

Lessare la patata e i fagiolini. Tagliare a pezzetti e unire all'insalata e al pomodoro a spicchi. Condire con olio, aceto e un poco di succo di limone, sale e pepe. Aggiungere i listelli di olive, le acciughe spezzettate, le uova sode a fettine o pezzetti, il tonno sbriciolato.

☆

Pastasciutta al ragù

120 g di pasta pesata cotta
130 g di carne trita magra di manzo
cipolla e passata di pomodoro
1 cucchiaino di parmigiano
1 cucchiaio di olio extravergine d'oliva

Preparare il ragù iniziando con un soffritto di cipolla in poco olio. Unire poi la carne a rosolare e completare con un poco di passata di pomodoro. Regolare di sale. Condire la pasta cotta al dente con il ragù, il parmigiano, il rimanente olio.

✯

Menù con Calamari ripieni

4 grossi calamari (800 g puliti)
3 cucchiaini di prezzemolo e poco aglio
180 g di mollica o pane grattugiato
40 g di parmigiano grattugiato
3 cucchiai di olio extravergine d'oliva

Tenere intatto il corpo dei calamari. Per il ripieno: tritare i tentacoli e il prezzemolo con l'aglio; mescolare al battuto la mollica di pane o il pane grattugiato e il parmigiano; bagnare e ammorbidire con l'olio il composto, regolare di sale e pepe. Riempire con l'impasto ben amalgamato i calamari e chiuderli servendosi di uno stecchino o di una cucitura con un grosso refe. Porli in forno dopo averli unti leggermente con un po' di olio e lasciarli cuocere per circa 30 minuti.

La ricetta è per 4 persone.

Un calamaro così cucinato corrisponde a 4 miniblocchi di proteine e grassi e a 3 miniblocchi di carboidrati.

175 g di mirtilli a testa

✯

Menù con Frittata con zucchine

7 uova intere e 8 albumi
100 g di parmigiano grattugiato

640 g di zucchine
1 cipolla (160 g circa)
3 cucchiai d'olio extravergine d'oliva

Nel soffritto di cipolla tritata aggiungere le zucchine a rondelle, salare e portare a cottura. Sbattere le uova, unire il parmigiano e le zucchine raffreddate. Mescolare e salare. Mettere il composto in una teglia da forno e cuocere per 40 minuti.

La ricetta è per 4 persone.

La porzione da 3 miniblocchi di proteine e grassi corrisponde a 1/4 della frittata. Vanno aggiunti 2 e 1/2 miniblocchi di carboidrati che possono essere costituiti dalle ciliegie.

1 piccolo panino a testa (15 g) meglio se integrale (20 g)
250 g di ciliegie a testa

☆

Menù con Sformato al prosciutto

300 g di prosciutto cotto tritato
60 g di parmigiano grattugiato
90 g di mollica di pane ammorbidita nel latte
2 uova e 2 albumi

Spezzettare con una forchetta la mollica di pane bagnata e aggiungere il prosciutto, le uova sbattute e il parmigiano. Aggiustare di sale e pepe. Mettere in forno per circa 40 minuti.

La ricetta è per 4 persone.

La porzione da 4 miniblocchi di proteine corrisponde a 1/4 di sformato. Il pasto va completato con 3 e 1/2 miniblocchi di carboidrati e altrettanti di grassi che potrebbero esse-

re il vino, la frutta e l'olio, a condimento di una verdura a basso contenuto glucidico come insalata o finocchi.

1 cucchiaio scarso di olio extravergine d'oliva a testa per condire l'insalata libera
180 g di macedonia al naturale a testa
1 bicchiere di vino (120 g) a testa

Menù con Torta pasqualina

640 g di biete o erbette
4 carciofi (360 g circa)
1 cipolla grossa (320 g circa)
480 g di ricotta vaccina
6 uova e 4 albumi
100 g di parmigiano grattugiato
1 cucchiaio scarso di olio extravergine d'oliva a testa

Questa variante fa a meno della pasta sfoglia che, se fatta in casa, necessita di parecchio burro, se surgelata contiene oli e grassi vegetali, idrogenati e non.

Nel soffritto di cipolla tritata aggiungere i carciofi tagliati a listarelle sottili e portare a cottura aggiustando di sale. Aggiungere a questo composto le erbette lessate e tritate e lasciare insaporire mescolando. A parte sbattere 2 uova e 4 albumi, aggiungere la ricotta e il parmigiano: mescolare regolando di sale. Unire le verdure e mescolare. Mettere il composto in una teglia da forno e creare le fossette per alloggiare le 4 uova decorative superficiali lasciate intere. La cottura avviene in 40 minuti circa, quando le uova superficiali si sono rapprese.

La ricetta è per 4 persone.

La porzione da 4 miniblocchi di proteine corrisponde a 1/4 di torta pasqualina. Il pasto va completato con 3 mini-

blocchi di carboidrati e grassi che potrebbero essere 1 panino, il vino, la frutta e l'olio per condire un po' d'insalata a quantitativo libero.

1 panino (15 g) o 1 fetta di pane integrale (20 g) a testa
150 g di nespole a testa
1 bicchiere di vino a testa

✯

Menù con Gnocchi di ricotta

900 g di ricotta ben scolata
180 g di farina bianca
100 g di parmigiano grattugiato
qualche foglia di salvia
3 cucchiai di olio extravergine d'oliva

Impastare la ricotta con la farina e fare gli gnocchi. Lessarli in abbondante acqua ben salata. Raccoglierli con la schiumarola a mano a mano che vengono a galla. A parte insaporire l'olio mettendolo a scaldare con le foglie di salvia. Versare il condimento sugli gnocchi e cospargere con il parmigiano. Mescolare e servire.

La ricetta è per 4 persone.

La porzione da 4 miniblocchi di proteine e grassi è costituita da 1/4 degli gnocchi preparati. Il pasto va completato con 1 miniblocco di carboidrati che potrebbe essere la frutta.

90 g di ananas a testa

Spuntini da 1 blocco

I vegetariani possono scegliere tra questi spuntini i più confacenti al loro gusto.

☆

20 g di bresaola
1 kiwi
3 olive

☆

30 g di prosciutto cotto sgrassato
1 mandarino
1 noce

☆

25 g di prosciutto crudo sgrassato o speck
140 g di lamponi
3 nocciole

☆

30 g di prosciutto cotto
1 piccolo panino (15 g) meglio se integrale (20 g)
3 olive

☆

80 g di ricotta vaccina
1/2 mela o 1 mela piccola
3 mandorle

☆

35 g di mozzarella vaccina
1/2 pera o 1 pera piccola
3 nocciole

☆

70 g di fiocchi di formaggio magro
1/2 arancia
8 pinoli

☆

45 g di feta
170 g di fragole
6 pistacchi

☆

20 g di parmigiano
2 cracker

☆

20 g di parmigiano
1 bicchiere di vino (120 g)

☆

35 g di caciottina vaccina
2 grissini o 1 formella di frumento integrale

☆

25 g di emmenthal
90 g di amarene

☆

35 g di mozzarella vaccina
1 piccolo panino (15 g) meglio se integrale (20 g)
6 pistacchi

☆

1 uovo sodo
60 g d'uva
3 olive

☆

1 albume montato a neve mescolato con 1 tuorlo
1 cucchiaio di fruttosio (10 g)
6 arachidi

☆

200 g di yogurt bianco parzialmente scremato

☆

200 g di latte parzialmente scremato

☆

60 g di succo d'albicocca o pera
20 g di parmigiano

☆

1 barretta snack bilanciata

☆

1/2 barretta bilanciata sostituto di un pasto

☆

35 g di salmone in salamoia
2 cracker
1 cucchiaino da tè di maionese light (6 g)

☆

30 g di tonno sott'olio sgocciolato
2 grissini
1 cucchiaino di maionese light (6 g)

☆

1 toast composto da 2 mezze fette di pan carré e 30 g di ripieno tra prosciutto e formaggio

☆

frullato composto da 100 g di latte parzialmente scremato e 5 g di proteine in polvere
1/2 cucchiaio di fruttosio (5 g)
3 pistacchi

☆

frullato composto da 100 g di latte parzialmente scremato e 85 g di fragole
4 compresse di albume d'uovo
3 arachidi

☆

1/2 dose di frappé in acqua (vedi Appendice A)
3 compresse di albume d'uovo
3 mandorle

☆

80 g di ricotta vaccina
1 cucchiaio di fruttosio (10 g)
3 mandorle

☆

100 g di succo d'arancia
20 g di parmigiano

☆

45 g di tempeh
1 kiwi

☆

tè o infuso
1 cucchiaio di fruttosio (10 g)
7 compresse di albume d'uovo
1 noce

☆

tè o infuso
7 compresse di albume d'uovo
10 g di biscotti frollini meglio se integrali (15 g)

☆

1 piccolo gelato fior di latte (45 g)
7 compresse di albume d'uovo
6 arachidi

Ricette con orzo, avena e soia

I quantitativi si riferiscono a pasti da 3 blocchi.
Tra parentesi i quantitativi per pasti da 4 blocchi.

☆

Insalata di orzo

40 (60) g di orzo mondo crudo
135 (180) g di feta o 105 (140) g di mozzarella vaccina
2 cipolline fresche
1 mazzetto di rucola (100 g)
1 pomodoro maturo (100 g)
origano
1 cucchiaio di olio extravergine d'oliva

Cuocere l'orzo in acqua bollente salata per circa 30 minuti. Passarlo sotto l'acqua fredda. Affettare le cipolline, il pomodoro e la rucola. Unire il formaggio tagliato a dadini e l'orzo. Condire con l'olio e cospargere con l'origano. Aggiustare di sale.

☆

Tortino di orzo

200 (260) g di orzo mondo crudo
170 (340) g di porri
200 (250) g di sedano

1/2 cipolla piccola
1 cucchiaino di salsa di soia
maggiorana e timo
1 cucchiaio di olio extravergine d'oliva

Cuocere l'orzo in una pentola con la cipolla tritata finemente e le erbe aromatiche. A cottura ultimata togliere dal fuoco. In poco olio rosolare il porro e il sedano tagliati e portare a cottura con un coperchio. Unire le verdure all'orzo, aggiungere la salsa di soia e aggiustare di sale. Mescolare.

Mettere il composto in una pirofila da forno e cuocere per 30 minuti circa a 200°.

La ricetta è per 4 persone.

Questo tortino corrisponde alla porzione di 3 (4) miniblocchi di carboidrati. Si può gustare con il corrispondente numero di miniblocchi di formaggio o prosciutto, carne o pesce. Vanno aggiunti quasi integralmente anche i miniblocchi di grassi.

☆

Avena piccante

240 (320) g di avena in chicchi
1 cipolla
2 spicchi d'aglio
1 foglia di alloro
peperoncino, paprica, prezzemolo
1 cucchiaio di olio extravergine d'oliva

Tritare finemente la cipolla e farla rosolare in poco olio unendo il peperoncino, la paprica, l'alloro e l'aglio. Far saltare in padella l'avena e farla tostare a fuoco vivace. Unire acqua bollente fino alla cottura dell'avena (30 minuti circa) mescolando spesso: deve risultare una zuppa densa ma non asciutta.

Servire con una spruzzata di prezzemolo tritato.

La ricetta è per 4 persone.

Il composto corrisponde a 3 (4) miniblocchi di carboidrati. Si può integrare il pasto con fonti proteiche adeguate.

☆

Zuppa di fiocchi e spinaci

60 (80) g di fiocchi d'avena
300 (400) g di spinaci
1 cipolla (1 cipolla e 1/2)
1 cucchiaio (20 g) di farina integrale
1 cucchiaio di olio extravergine d'oliva

Fare appassire la cipolla tritata finemente in poco olio e unire gli spinaci tagliati a striscioline e i fiocchi d'avena. Regolare di sale e aggiungere abbondante acqua per la cottura che avviene in circa 15 minuti. Frullare il composto unendovi la farina stemperata in un po' d'acqua e riporre sul fuoco per qualche minuto. Servire con olio crudo (1 cucchiaio scarso).

La ricetta è per 4 persone.

Il composto corrisponde a 2 miniblocchi di carboidrati e grassi. Il pasto si può ultimare con una fonte proteica adeguata e un'integrazione con 1 (2) miniblocco di carboidrati e altrettanti grassi.

☆

Insalata ricca estiva

150 (200) g di germogli di soia
2 (3) acciughe sott'olio o sotto sale
200 (300) g di funghi porcini
1 piccola patata lessa

250 (300) g di pomodori
poco sedano
1 uovo e 1 (2) albume sodi
limone, senape e foglie di menta
1 cucchiaio scarso di olio extravergine d'oliva

Spezzettare i filetti d'acciuga e metterli in un'insalatiera con i funghi e il sedano tagliati finemente, la patata e i pomodori tagliati a dadini, e per finire i germogli. A parte amalgamare il limone con la senape e l'olio d'oliva. Versare sull'insalata e regolare di sale. Lasciare riposare per circa 30 minuti, mescolando ogni tanto. Servire decorando con le uova a spicchi e un trito fresco di menta.

La preparazione costituisce un pasto di 3 (4) blocchi se la si integra con un frutto piccolo.

Mousse al tofu

250 g di tofu
300 g di lamponi o altra frutta a piacere
2 cucchiai di fruttosio

Frullare il tofu con la frutta e il fruttosio: se necessario fluidificare con poco latte. Versare nelle coppette e riporre in frigo per almeno 30 minuti.

La ricetta è per 4 persone.

Costituisce un ottimo dessert da 1 blocco a testa, salvo che per una piccola esuberanza di grassi che però sono tollerabili.

Appendice C

Contributo a cura dell'équipe Enervit

I DIETOLOGI sono medici specializzati in Dietologia e Scienza dell'alimentazione. Nessuno più di loro, dunque, dovrebbe essere esperto in fatto di nutrizione. Eppure, negli ultimi mesi, su riviste e quotidiani italiani sono comparsi pareri negativi nei confronti della Zona. Che cosa significa questo? Vuole forse significare che la Zona è da bocciare? Vuole dire che non ha nessuna base razionale?

In realtà la spiegazione è un'altra. Per molti anni i dietologi hanno sempre ritenuto che nella nostra alimentazione fosse utile inserire un'elevata percentuale di carboidrati, specie di quelli complessi (pane, pasta, riso eccetera), magari anche in una quota superiore al 60% dell'apporto calorico totale; così come hanno pensato che si debbano ridurre il più possibile i grassi. La Zona, invece, propone fra l'altro di abbassare l'apporto calorico dei carboidrati al 40% e portare quello dei grassi al 30%; questo li mette in crisi, poiché contrasta un modo di pensare sul quale hanno basato per anni la loro professione.

Per questo motivo la Zona è stata accettata con maggior facilità da coloro che non avevano mai approfondito le problematiche della dietologia o addirittura coloro che magari sapevano a malapena distinguere un cibo ricco di carboidrati da uno nel quale prevalevano le proteine; tutti coloro, insomma, per i quali certe percentuali dei tre diversi macronutrienti (carboidrati, proteine e grassi) non rappresentavano un dogma.

C'è da credere, in ogni caso, che in tempi piuttosto rapidi cambierà anche il parere di quei dietologi italiani oggi contrari. Necessariamente si convinceranno per prima cosa che i cibi non soltanto danno al corpo nutrienti e calorie, ma che hanno anche la capacità di agire sugli ormoni del nostro organismo. Quando avranno fatto proprio questo concetto (che d'ora in poi, in ogni modo, non potrà più essere ignorato quando si parla di alimentazione), capiranno quanto possa essere utile la Zona.

Eppure noi italiani avremmo dovuto accettare facilmente il fatto che i cibi possono influenzare lo stato ormonale. Circa 20 anni fa, infatti, proprio in Italia si era parlato per la prima volta della « calma insulinemica », situazione che spiegava la straordinaria efficacia (il « meccanismo d'azione ») di un prodotto, l'Enervit Protein, usato come dimagrante da migliaia e migliaia di persone. In pratica si affermava che certi cibi e alimenti (in particolare quelli ricchi di zucchero da cucina, per esempio alcune bibite, i dolci e così via) determinano un innalzamento della glicemia, vale a dire del tasso del glucosio nel sangue. Ciò causa la messa in circolo, da parte delle cellule beta del pancreas endocrino, di una certa quantità di insulina. Gli alti tassi di insulina, a loro volta, favoriscono l'ingrassamento, poiché provocano l'aumento del contenuto in grassi degli adipociti, vale a dire delle cellule nelle quali è appunto contenuta la maggior parte del grasso del corpo. La molta insulina nel sangue, infatti, da un lato favorisce l'ingresso negli adipociti delle molecole che contengono energia (quelle derivate dai carboidrati come il glucosio, dai lipidi come gli acidi grassi e dalle proteine come gli amminoacidi) e dall'altro lato fa sì che esse si trasformino in trigliceridi, ossia in grasso.

L'assunzione di Enervit Protein in sostituzione di un pasto, giacché fornisce nutrienti che non elevano la glicemia (il prodotto, infatti, contiene proteine e, come unico carboidrato, il fruttosio che, appunto, non induce un innalzamento della concentrazione nel sangue del glucosio), non determina un aumento del tasso di insulina, ma anzi favorisce il mantenimento ai livelli basali di tale ormone.

Sia pure limitatamente ai problemi del dimagrimento (e, per la verità, anche a quelli dello sport, per il quale Enervit Protein era stato studiato inizialmente) questi concetti, in pratica, già mettevano in evidenza come con gli alimenti si potesse influire in misura assai evidente sulla regolazione degli ormoni. Barry Sears, ovviamente, ha ampliato molto il discorso, sia nel senso che ha fatto capire quanti ormoni possano essere influenzati dai cibi, sia nel senso che ha indicato quanti e quali influenze positive o negative possano avere le scelte alimentari.

Le abitudini alimentari italiane

L'insegnamento di Barry Sears (secondo il quale dobbiamo rispettare una certa percentuale nell'apporto calorico dei diversi nutrienti a ogni pasto e a ogni spuntino: 40% di carboidrati, 30% di proteine e 30% di grassi) può rappresentare un problema per noi italiani, abituati a mangiare in abbondanza i carboidrati, a partire dalla pasta, dal pane, dal riso e così via.

È anche questa una ragione per la quale alcuni dietologi sono restii ad accettare e a consigliare la Zona. Ma è anche questa la ragione per la quale molti fanno fatica ad accettare le regole della Zona. Sono senza dubbio molte le persone convinte che da essa potrebbero trarre vantaggi notevoli, trovandosi, però, nell'identica situazione di chi vuole smettere di fumare perché sa benissimo che la sigaretta gli fa male. O di chi vorrebbe cominciare a fare attività fisica, oppure ridurre il consumo di alcolici. Sono ben consci del fatto che è giusto fare una certa scelta, ma quella scelta rimane a lungo (o per sempre) una buona intenzione alla quale non seguono i fatti. Cambiare le proprie abitudini, specie quelle più radicate, infatti, è difficile, anche quando la ragione ci dice che il comportamento attuale (fumare, essere del tutto sedentari, consumare molti alcolici...) è nocivo alla salute, mentre quello che si dovrebbe acquisire è senza dubbio vantaggioso.

Barry Sears è dell'opinione che sia preferibile passare di colpo alla Zona, da un giorno all'altro; le massime e più rapide aspettative in tal modo si realizzino proprio adeguandosi a queste indicazioni. Ma per quegli italiani che vogliono cambiare poco alla volta le loro abitudini alimentari si può pensare anche a un passaggio più graduale, in varie tappe, dall'alimentazione abituale alla Zona.

La Zona a tappe

Non tutti abbiamo la stessa volontà. C'è chi smette di fumare da un giorno all'altro e chi riduce poco alla volta le sigarette. C'è chi inizia a fare attività con un po' di ginnastica in casa e dopo poche settimane smette; e chi invece, passo dopo passo, arriva a correre la maratona di New York. Quella che vi viene ora proposta è la strada per chi vuole abituarsi poco alla volta alla Zona, una maniera « dolce » di avvicinarsi a essa. In pratica si fa un passo avanti ogni settimana, non dimenticando tutto ciò che era stato appreso nelle settimane precedenti. Ogni volta, in pratica, si acquisisce un'abitudine salutare o se ne abbandona una nociva e nel giro di un mese e mezzo si arriva finalmente ad alimentarsi secondo la Zona. Sarà a questo punto che si cominceranno ad avvertire palesemente i benefici di questa strategia alimentare.

Alcune tappe sono senza dubbio più impegnative di altre; quelle più facili servono per dare il via, in maniera abbastanza agevole, o per consolidare una buona abitudine già acquisita.

Un mese e mezzo vi sembra troppo per cambiare le vostre abitudini? Tenete presente che, dopo queste 6 settimane introduttive, potrete conquistare e fare vostro un modo di alimentarvi che – una volta che ne avrete apprezzati gli effetti – vi porterete dietro per tutta la vita...

La prima settimana: eliminare dalla dieta alcune sostanze nocive e introdurne alcune favorevoli

Nel cammino per arrivare alla Zona, la prima fase è quella di escludere dalla propria alimentazione alcuni alimenti che contengono sostanze che non fanno bene al nostro corpo e, al tempo stesso, di cominciare ad assumere d'abitudine alcune sostanze che sono invece salutari. Non si tratta di sicuro di un impegno molto difficile, tale da comportare grossi sacrifici. Talvolta, del resto, per raggiungere un certo obiettivo l'importante è cominciare a compiere il primo passo. E, in questo caso, il primo passo non è per niente impegnativo. Quello che si deve fare, in pratica, è questo:

- eliminare i cibi che contengono in abbondanza acido arachidonico, un acido grasso che è l'immediato precursore degli eicosanoidi «cattivi», quelli che producono una serie di azioni negative sull'organismo, per esempio favoriscono la vasocostrizione (ossia la riduzione del diametro dei vasi sanguigni), deprimono la risposta immunitaria (vale a dire rendono più facili le infezioni), favoriscono le infiammazioni e così via; i cibi da escludere sono sostanzialmente: le frattaglie; il rosso dell'uovo (e gli alimenti derivati, per esempio la maionese); il grasso delle carni rosse (che, in ogni caso, non vanno mai consumate in grande quantità e dalle quali vanno eliminate tutte le parti grasse visibili);

- aggiungere alcuni integratori, ossia gli acidi grassi Omega 3 e gli antiossidanti; tra questi ultimi, i più importanti sono la vitamina E e l'MCE, vale a dire l'estratto della canna da zucchero; gli acidi grassi Omega 3 si trovano nell'olio di pesce, ma va detto che se anche si mangia pesce per 3 o più volte alla settimana (un'abitudine comunque salutare), questo non è sufficiente per darci la quantità di Omega 3 che ci serve; ai fini del controllo dell'insulina e per la salute del cervello, dunque, è molto utile assumere circa 5 g di olio di pesce al giorno; di vitamina E se ne devono prendere almeno 100 UI al giorno; mentre di MCE da 2 a 4 compresse al giorno di circa 0,5 g l'una.

La seconda settimana: diventare «asaccarofagi» (o quasi)

Chi non assume alcun tipo di alcolici è detto « astemio ». Si dovrebbe inventare una parola che definisce chi non prende per niente cibi o bevande che contengono saccarosio, il comune zucchero da cucina. Si potrebbe coniare, per esempio, la parola *asaccarofago*. Gli alimenti ricchi di saccarosio, infatti, sono quelli che più di tutti scatenano le reazioni endocrine negative.

Il secondo passo di chi vuole arrivare alla Zona poco alla volta è proprio quello di eliminare completamente le bevande dolci (cola, aranciata, chinotto eccetera), le caramelle e così via. Si devono ridurre drasticamente, invece, i dolci, i biscotti, i gelati e tutti gli altri alimenti ricchi di zuccheri; per la precisione, ne vanno presi pochi ogni volta, non più di alcune decine di grammi. Vanno abolite anche le merendine e le brioche; le une e le altre, infatti, molto spesso sono ricchissime di grassi deidrogenati, non certo salutari. Per addolcire il caffè si può usare il fruttosio, lo zucchero della frutta, con lo stesso sapore del saccarosio, che ha l'enorme vantaggio di non provocare l'innalzamento della glicemia.

Questa tappa risulterà particolarmente ostica soprattutto

per chi è abituato a fare la prima colazione con pane e marmellata, biscotti, merendine e brioche.

Ma attenzione, non bisogna assolutamente eliminare questo importante pasto della giornata. Se proprio si vuole, e se non si è soliti fare un'abbondante colazione « salata », si può cominciare con un solo alimento. Fino a quando si inizierà a seguire la vera e propria dieta a Zona, la prima colazione può essere costituita da: un succo di agrumi (non zuccherato o addolcito con fruttosio); latte o yogurt con i cereali davvero integrali (per esempio, con le formelle di Weetabix o con il muesli Alpen); frutta di stagione; e una bevanda calda, come tè o caffè, addolcita con fruttosio.

Diventare *asaccarofagi* non dà sicuramente tutti i vantaggi della Zona, ma ne arreca solo alcuni (e tutt'altro che trascurabili), proprio perché limita gli sbalzi della glicemia e, quindi, anche quelli del tasso di insulina nel sangue.

In definitiva, gli alimenti che si devono escludere a partire dalla seconda settimana sono principalmente questi:

- le bevande ricche di zucchero, come cola, aranciata, chinotto, aperitivi eccetera;
- il normale zucchero da cucina e da bar (saccarosio), compreso quello di canna, e il glucosio (chiamato anche destrosio); va invece bene il fruttosio;
- la marmellata, il miele, le creme al cacao, le caramelle, il torrone, i canditi;
- le brioche e le merendine (che contengono spesso grassi deidrogenati, già di per sé nocivi per la salute).

Vanno invece consumati in quantità limitata (soprattutto se ne devono prendere in misura ridotta ogni volta):

- le torte e i biscotti;
- i gelati e i sorbetti.

La terza settimana: aumentare la verdura e la frutta

L'obiettivo della terza settimana è aumentare il consumo della verdura e della frutta. Questo, di solito, non costituisce un ostacolo difficile da superare. È vero che ci sono persone alle quali non piacciono certi tipi di verdura e frutta; ma dell'una e dell'altra ne esistono talmente tante varietà che c'è la possibilità di accontentare qualunque palato. Nei due pasti più importanti della giornata si devono consumare almeno due tipi diversi di verdura e almeno una porzione di frutta. Nella prima colazione e negli spuntini può essere consumata della frutta. Dal punto di vista della Zona non tutti i tipi di verdura e di frutta sono altrettanto validi. Ecco, dunque, quali preferire e quali eliminare.

- Verdura da preferire (anche surgelata): asparagi, carciofi, cavolfiori, cavoli, cetrioli, cipolle, erbette, finocchi, insalate di tutti i tipi, melanzane, peperoni, pomodori, porri, ravanelli, sedano, spinaci, zucchine.
- Verdura da eliminare (o da prendere in quantità limitata): carote, patate, zucca, barbabietole, piselli e mais.
- Frutta da preferire: albicocche, amarene, arance, ciliegie, fragole, lamponi, limoni, kiwi, mandarini, mele, mirtilli, pere, pesche, pompelmi, prugne fresche, uva.
- Frutta da eliminare: banane, datteri, fichi, prugne secche, uva passa, tutti i tipi di frutta sciroppata, tutti i succhi di frutta (contengono molto saccarosio).

Anche l'aumento del consumo della verdura e della frutta è di per sé vantaggioso per la salute e per il benessere; questi alimenti, infatti, apportano una serie di sostanze utilissime per il nostro organismo, a partire dalle vitamine, dai minerali, da vari antiossidanti e dalle fibre. Senza contare che di solito – del tutto spontaneamente, senza cioè che ce lo si imponga – avviene che, parallelamente all'aumento del consumo di frutta e verdura, diminuisca l'assunzione di cibi ricchi di carboidrati, anche di quelli (come la pasta, il pane e il riso) che nella definitiva dieta pro Zona dovranno essere consumati in piccola quantità.

La quarta settimana: passare a 5 pasti quotidiani con gli spuntini a Zona

Nella quarta settimana gli obiettivi principali sono due:

- fare almeno 5 pasti al giorno: la prima colazione, il pranzo, la cena e due spuntini, uno a metà pomeriggio e uno la sera, prima di coricarsi;
- nella prima colazione e nei due spuntini seguire i criteri della Zona.

Oltre che seguendo i consigli già dati in precedenza, la prima colazione può essere preparata aggiungendo al latte magro o allo yogurt le proteine in polvere (come le Gym Line Cross Protein). Invece degli albumi, assai utili come fornitori di proteine di alto valore biologico, può essere più comodo assumere 7 compresse di Albumina 80 Gym Line. Quanto ai due spuntini, possono essere costituiti al pomeriggio da 1 barretta Enervit Protein e la sera da 1 bicchiere di latte parzialmente scremato.

Un altro obiettivo di questa settimana è di aumentare la quantità di acqua che si assume, arrivando – come consiglia Sears – a circa 8 bicchieri quotidiani.

Come si può vedere, questa tappa non è di difficile attuazione; di solito, anzi, viene raggiunta con una certa facilità. Già da questa settimana, in ogni caso, per alcune ore al giorno si è già nella Zona, mentre per tutto il resto della giornata ci si sta alimentando in maniera tale che consentirà facilmente di compiere gli ultimi passi decisivi.

La quinta settimana: a ogni pasto mangiare proteine nella giusta quantità

La quinta settimana è quella nella quale nei due pasti principali si iniziano ad assumere sistematicamente le proteine in maniera corretta dal punto di vista sia della qualità sia della quantità. Gli alimenti da preferire, secondo quelle che sono le abitudini italiane, sono questi:

- il pollo e il tacchino senza pelle;
- il pesce di tutti i tipi;
- i tagli magrissimi di polpa di carne;
- i formaggi magri;
- l'albume d'uovo.

Per quello che riguarda la quantità, la maniera più semplice è fare riferimento al consiglio di Sears: una porzione che per dimensioni e per spessore sia simile a quella del palmo della nostra mano.

La sesta settimana: ridurre pane, pasta e riso

Come si è detto in precedenza, l'introduzione di una maggiore quantità di frutta e di verdura (la qual cosa è avvenuta a partire dalla terza settimana di questo programma di avvicinamento graduale alla Zona) fa sì che si assumano meno carboidrati derivati dai cereali (pasta, pane, riso), anche perché proprio nella frutta e nella verdura, in una forma che provoca meno svantaggi all'organismo (non determinando l'innalzamento dei tassi di insulina nel sangue), è contenuta una certa quantità di carboidrati. Non è detto, però, che questa spontanea diminuzione della pasta, del pane e del riso sia adottata davvero da tutte le persone.

A pranzo e a cena, in pratica, non si possono più consumare porzioni intere di pasta o di riso, ma soltanto mezze porzioni.

E, finalmente, ci si alimenta secondo i criteri della Zona!

Una volta terminata la sesta settimana, il passo per alimentarsi davvero a Zona è molto piccolo. Se andate a rileggere quanto è stato scritto nei capitoli precedenti, infatti, potrete constatare come basti davvero poco per raggiungere quell'obiettivo e per avere, finalmente, tutti i vantaggi che derivano da questo rivoluzionario modo di nutrirsi.

Nella stessa collana

BARRY SEARS CON BILL LAWREN
Come raggiungere la Zona

BARRY SEARS
La Zona anti-età

BARRY SEARS
7 giorni con la Zona

FABRIZIO DURANTI
Supersalute con la Zona

ARONNE E MEMO ROMANO
Vivere con la Zona

BARRY SEARS
La Zona Omega 3 Rx

Finito di stampare nell'aprile 2003
presso la Mondadori Printing S.p.A.
Stabilimento N.S.M. di Cles (TN)
Printed in Italy